Antología
Judía

Ensayos sobre una variedad de temas del Judaísmo

Especialmente seleccionados y re-publicados de la revista "El Kolel"

Published by
Seven Treasures Publications
SevenTreasuresPublications@gmail.com
Fax 413-653-8797

Articles were originally published in the *El Kolel* magazine, in Santiago, Chile, and are reprinted with permission.

"La Mitzva y El Sentido De La Vida" is reprinted with the permission of Dr. Miguel Cuchacovich

ISBN 978-0-9800707-2-9

Tabla de contenido

Introducción..5

Biografías

¿Quien Fue Rabí Iosef Caro? 7

Sara Schenirer 14

Ensayos para Aumentar su Conocimiento

Cronología de las Primeras 22 Generaciones del Mundo.. 20

Ecología: Punto de Vista Judío 21

Shaátnez - Una Mezcla De Lana y Lino.................. 27

El Hombre Linear 32

Que es una Mikve?....................................... 40

Introducción a la Cábala 56

Judaísmo y Deportes.. 61

La Mitzva y El Sentido De La Vida 68

Bajo Las Alas De La Shejina 74

Confección y Aparejo Del Séfer Tora 83

El Año

Reflexiones Sobre Rosh Hashana y Yom Kipur ... 93

¿Que Origen Tiene El Kol Nidre?............................. 96

Janucá: Cronología... 99

Janucá en Sevilla.. 104

Leyes y Costumbres de Janucá 114

Reflexiones Sobre Janucá 120

Un Poco de Historia 123

Leyes de Purim 131

Cuentos

El Conde y el Vendedor de Alfombras 136

El Espejo 138

El Secreto de una Familia 142

Por el Rey de los Reyes 150

Una Batalla Ganada 151

Un Juicio Caritativo 156

La Fuerza de un Tzaddik 162

Las Tres Carcajadas 165

Introducción

Durante trece años, la revista *"El Kolel"* fue considerada para muchas personas en Santiago de Chile como una muestra de literatura judía de gran calidad. En ella, se publicaron artículos y ensayos sobre una gran variedad de temas de interés de cualquier persona vinculado al judaísmo. Siempre bien acogida al público, muchos lamentaron cuando su publicación terminó. Es nuestro gran honor y placer re-publicar una selección - pequeña en cantidad, pero grande en calidad - de algunos de sus artículos. Esperamos que el lector de hoy disfrute de estos artículos en la misma manera que los lectores originales.

Biografías

¿Quien Fue Rabí Iosef Caro?

El autor del Shuljan Aruj -el Código Judío de Leyes-, Rabí Iosef Caro, nació en Toledo, España, en el año 1488.

Su padre, Efraim ben Iosef, era descendiente de una familia de gran renombre que contaba entre sus componentes a eminentes rabinos y Escribas -Sofrim-.

Cuando Fernando e Isabel concretaron su cruel decreto de expulsar a los judíos de España, en el año 1492, el pequeño Iosef no tenía más que cinco años. A esa temprana y tierna edad, ya hubo de sentir en carne propia cuan nefasta era la suerte del judío (errante) obligado a deambular de país en país, perseguido y acosado por la ciega aversión del mundo gentil.

Rabí Efraim y su pequeño hijo se dirigieron en principio a Portugal, con la esperanza de encontrar allí la tranquilidad y seguridad que tan salvajemente les había sido negada en su tierra natal.

Empero, unos pocos años después, su esperanza habría de desmoronarse estrepitosamente, cuando en 1496 fueron nuevamente expulsados de la tierra que por tan corto lapso de tiempo les había brindado albergue.

Nuevamente, Rabí Efraim y Iosef se hicieron a la marcha, hasta arribar a Turquía.

Allí, en el seno de un estado islámico, regido por un Sultán afable, encontraron las puertas abiertas de par en par para recibir a los judíos sobrevivientes de las recientes catástrofes acaecidas en los reinos católicos.

Merced a la influencia de judíos generosos, entre ellos Don Iosef Nasi, el Sultán habría hecho pública su invitación dirigida a los judíos de España y Portugal a fin de que afincaran en sus tierras, reemprendiendo su vida religiosa con la apertura de nuevas comunidades, a la par que prometió para los mismos la plena libertad religiosa.

Rabí Efraim y su hijo fijaron su residencia, finalmente en Constantinopla.

Recién ahora el joven Iosef pudo dedicarse por entero al estudio de la Tora, bajo la experta tutela de su padre, dentro de un marco de seguridad sin perturbaciones.

Tras el deceso de su padre, Rabí Iosef fue a vivir a Adrianapolis, donde contrajo enlace con la hija de uno de los judíos locales más destacados, Rabí Jaim Albalag.

Para su desgracia, su matrimonio fue muy corto. Poco tiempo después de su casamiento su esposa murió, y Rabí Iosef contrajo segundas nupcias, también en esta oportunidad con la hija de un judío erudito y versado en la Tora, Rabí Itzjak Saba.

En el año 1520, Rabí Iosef Caro emprendió la inauguración de su obra cumbre en el campo de la Halaja - Legislación Judía-, titulada "Bet Yosef" -Casa de Iosef-.

Esta profunda y compleja obra constituía un comentario a "Arba Turim". -"Cuatro Pilares"- De Rabí Ya'akov ben Asher, la codificación anterior más reciente de la Ley judía.

En su monumental libro, Rabí Iosef Caro se impuso como regla fundamental la investigación de todas las decisiones de Rabí Iaacov, la revisión minuciosa de todas las fuentes utilizadas por aquel, el sopesar los puntos que llevaron a Rabí Iaacov a emitir su decisión y, cuando el tema lo requería, también él a aportar sus propias dilucidaciones, tomando un camino definido en la conclusión halajica en los casos de divergencia entre los "Poskim" -legisladores- anteriores a él.

En la mayoría de los casos, Rabí Iosef tiende a sustentarse en las decisiones legales de los tres sabios judíos de mayor envergadura que le precedieron: Rabí Itzjak Alfasi -conocido como el "Rif"-, Rabí Moshe ben Maimon (conocido como "Rambam" o "Maimonides") y Rabenu Asher ben Yejiel -conocido como el "Rosh", padre del autor de los "Arba Turim".

La confección de esta fantástica y compleja obra requirió la labor de más de veinte años y estuvo concluido recién el año 1552.

En el año 1523, Rabí Iosef Caro fue invitado a asumir la conducción de la Ieshiva -escuela rabínica- de la ciudad de Mikopli. Rabí Iosef accedió a este pedido, y durante 13 años se mantuvo al frente de esa institución talmúdica.

Con el correr del tiempo, esta Ieshiva paso a convertirse en uno de los centros judaicos más importantes, al que acudían los más renombrados y brillantes sabios judíos.

Entre aquellos que fueron sus discípulos, podemos destacar a tres que alcanzaron gran renombre merced a sus vastos conocimientos de la Tora como así también su profunda convicción religiosa: al famoso Cabalista Rabí Moshe Cordovero -conocido como el "Ra"Mak" -, Rabí Moshe Galante y Rabí Moshe Alshej- autor de un renombrado comentario de la Tora.

En el año 1533, Rabí Iosef Caro decidió vivir en la Tierra Santa. Acompañado de su fiel compañero Rabí Moshe Alkabetz -el autor del renombrado poema litúrgico de recibimiento al Shabat "Leja Dodi..."- Rabí Iosef Caro emprendió la travesía que duro todo un año.

En el mes de Elul Rabí Iosef Caro arribo a la Ciudad Santa de Tzfat -Safed-, que por aquellos años era un centro de suma importancia en el ámbito de la Tora y la Cabala.

Allí fue donde Rabí Iosef Caro fue nombrado director de la Ieshiva local, que merced a su dedicación, comenzó a atraer a jóvenes inteligentes y eruditos.

La tragedia golpeó nuevamente a las puertas del hogar de Rabí Iosef, cuando también su segunda esposa murió dejándolo a cargo de un pequeño niño, su hijo Shlomo.

Rabí Iosef se casó nuevamente y de este tercer matrimonio tuvo otro hijo, Iehuda. Ambos niños crecieron junto a su padre y eventualmente adquirieron fama como insignes talmudistas.

Completado su libro, el "Bet Iosef", Rabí Iosef Caro tomó sobre si la gigantesca labor de compilar, en base a su anterior obra, un libro que reuniera globalmente todas las leyes que acompañan al quehacer diario judío, en todos sus mas minuciosos detalles.

Se trata, por supuesto, del famoso "Shuljan Aruj" -Mesa ser-vida-, nombre que deja implícito el carácter práctico que buscó conferir le su autor, tal como una mesa tendida de la que solo es menester servirse-: Este código bajo el cual se embandera el judaísmo leal, rige toda la vida del judío.

La primera parte fue concluida y publicada en Kfar Biria, una aldea aledaña a Safed, cuando los habitantes de esta última debieron escapar a causa de una epidemia.

Rabí Iosef Caro mantuvo un fluido intercambio epistolar con las mayores autoridades halajicas de su tiempo, entre las que podemos contar a Maharan de Padua, el renombrado cabalista Rabí Itzjak Luria -conocido como "Radbaz", Rabí Eliahu Kuf-sali, y otros.

Posteriormente, Rabí Iosef Caro concluyó otras de sus grandes obras, en su forma manuscrita. Es el renombrado "Kesef Mishne", un comentario sobre el código de leyes de Maimonides, que se encuentra impreso en todas sus ediciones actuales.

Rabí Iosef Caro envío los manuscritos a Rabí Menajem Azaria Mipano, a fin de que este último se hiciera cargo de la supervisión durante la impresión.

Al cabo de un año, el "Kesef Mishne" salió a la luz. Empero su autor no tuvo el privilegio de ver su libro ya editado. Rabí Iosef Caro había muerto en Safed, en el año 1575, a la edad de 87 años.

Rabí Ishaia Horovitz, autor del "Shne Lujot Haberit" -"las dos Tablas del Pacto" o, como también se lo conoce por su abreviatura "el SH"LAH" - quien vivió en Safed durante su época, Rabí Iosef Caro, Rabí Moshe Cordovero y Rabí Itzjak Luria, parecían cual ángeles de D's. Estaban dotados de inspiración Divina y el profeta Eliahu - Elias- se les aparecía constantemente. Sus sepulcros -escribió- se encuentran uno junto a otro. Fue para mí un enorme privilegio el poder besar las lapidas que se yerguen sobre sus tumbas".

Las obras cumbres de Rabí Iosef Caro, como ya fuera mencionado, la constituye el "Beit Iosef", sobre la que trabajó a lo largo de dos décadas, dedicándose durante otros doce años adicionales a su corrección y preparación definitiva.

En un principio, Rabí Iosef emprendió su labor a modo de comentario sobre la obra de Rabí Iaacov, los "Arba Turim". Mas posteriormente, se constituyó en una obra independiente, a través de la cual el autor corre por los senderos de ambos Talmudim, el Babilonio y el Jerosolimitano.

Los dos primeros tomos del "Bet Iosef" fueron impresos en Venecia en los años 1550/51, mientras que los tomos tercero y cuarto aparecieron en Sabionta, en los años 1553 y 1559.

Más famoso aun fue el "Shuljan Aruj", el que vió la luz en una secuencia interrumpida de ediciones, hasta el presente.

La primera edición de esta monumental obra data del año 1565.

Tal como los "Arba Turim" de Rabí Iaacov, el "Shuljan Aruj" de Rabí Iosef está dividido en cuatro secciones.

La primera, titulada "Oraj Jaim" -Sendero de la vida-, detalla todos los pormenores legales de los Tzizit, Tefilin, Berajot, Bet Hakneset, Shabat, Festividades, etc.

La segunda, "Iore Dea", se ocupa de las leyes de Shejita -faenado ritual-, Kashrut -leyes dietéticas judías-, Avoda Zara -relacionado con la idolatría-, etc.

La tercera, "Eben Haezer", trata de todas las leyes que hacen al matrimonio y al divorcio y por último "Joshen Mishpat", referido a los daños y perjuicios, el comercio y las relaciones sociales.

Cuando Rabí Iaacov Berav quiso reimplantar el sistema de "Smija", es decir, el ordenamiento rabínico similar al utilizado en la época del Sanedrín, iniciativa que derivó en reñidas controversias hasta que finalmente, a causa de las mismas, fue abandonado, Rabí Iosef Caro fue uno de los pocos y primeros en recibirla.

Gran importancia tuvo también la obra sobre Maimonides, "Kesef Mishne", donde revela las fuentes talmúdicas de la Halaja en base a los cuales el R"aMBaM enunció sus dictámenes.

Su hijo, Iehuda Caro, atestigua que su padre también escribió un comentario sobre la Mishna, otro sobre Rashi y sobre R"aMBaN-Najmanides.

Sara Schenirer

Todos sabemos que se cumplió el milagro de Purim gracias a una mujer, la Reina Éster. Pero pocos estamos conscientes de que en este mismo siglo unos 70-80 años atrás, nuestro pueblo se veía realmente en peligro, no física sino espiritualmente; y fue una mujer quien logró, como por un milagro, darnos fuerza en nuestros momentos de necesidad y reconstruir nuestro pueblo.

Hasta ese entonces, las muchachas judías no tenían una formación judía formal en la escuela; y esta fabulosa mujer, Sara Schenirer revolucionó el sistema con respecto al estudio de la Tora en el campo de la educación para niñas y convenció a nuestros líderes judíos que estableciesen escuelas de aprendizaje de la Tora para niñas. Esto fue gran incentivo para el pueblo judío.

En el día 26 de Dar, el pueblo judío, y especialmente sus mujeres e hijas recordaran el Yarzeit (aniversario) de una de las grandes líderes de nuestra generación.

Sara Schenirer murió en 1935, a los 52 años de edad. Sin embargo, logro edificar un movimiento que iba a dar vida y esperanza a los judíos de su generación y posteriores.

Para comprender mejor la hazaña de esta extraordinaria mujer, debemos captar la situación del pueblo judío en esa época.

Situémonos en el contexto histórico de esos años y vamos los puntos más importantes.

No existían escuelas para niñas judías. Hasta el siglo XIX, estas se quedaban en casa y recibían su educación judía de su madre, abuela y de la comunidad observante en que vivían y esto era suficiente. Por lo tanto, a pesar de no haber escuelas, se les inculcaban los conceptos básicos del judaísmo. Sabían que era tener fe en Hashem, su entrega a la Tora, y muchas adquirían conocimiento de traducciones de la Biblia y sus comentarios. Pero esto se hacía sobre todo mediante la observancia del Shabat y fiestas judías. Así asimilaban las leyes del Shabat y Yom Tov. En sus hogares, y para Shabat y Fiestas en la Sinagoga, experimentaban el significado de la Brajot y oraciones, y como estas pueden elevar y acercar al hombre persona a Hashem. La comunidad les enseñaba a dar caridad (Tzedaka) y bondad (Jesed), no por libros teóricos, sino ayudando con compasión a todos aquellos que lo necesitaban. Al llegar a cierta edad y estar listas para construir su hogar, sabían ya las Halajot, y conocían la belleza, santidad y amor, zócalos de un hogar y familia judía, y comprendían que aunque hubiese mucha pobreza, habría también paz y armonía en un hogar judío.

Luego vino la primera guerra mundial. Esta derrumbo la fe en D's y la moralidad general. Fue una época en que comunismo, socialismo, universalismo y racionalismo prometieron hacer del mundo una "utopía". Hoy en día, todos sabemos que "paraíso" nos trajeron todas estas tendencias... pero, en ese entonces, las muchachas judías se sintieron cautivadas y no fueron capaces de discernir la falsedad y peligro de estos movimientos.

Por otra parte, los niños judíos que habían ido al Jeder y después a la Yeshiva, conocían muy bien los preceptos y conceptos de la Tora. Sabían no dejarse arrastrar por los "falsos profetas" y sus doctrinas. Comprendían que nosotros, el pueblo judío, teníamos como alcanzar niveles superiores de paz y felicidad gracias a la observancia de la Tora y sus mitzvot. Sabían que nosotros éramos quienes habíamos establecido el monoteísmo, la creencia de un solo D's en el mundo, y que la hermandad entre los seres solo se lograba bajo el reino de un único D's viviente.

Las muchachas judías, por el contrario, no tenían esa formación y se sentían atraídas por esas nuevas "ideologías". Admiraban todo aquello que era ajeno al judaísmo. Comenzaron a estar confusas, a extraviarse y fueron perdidas para su pueblo.

Padres y madres tenían sus corazones desgarrados de pena; veían a sus hijas irse a la deriva; intentaban hablar con ellas; pero era en vano.

No era una tragedia individual sino una calamidad para el pueblo judío. Solo cuando las hijas y futuras madres de Israel están imbuidas de fe y amor por Hashem y sienten lealtad y devoción hacia nuestro pueblo, puede entonces construirse un verdadero hogar judío. ¿Qué tipo de nación seriamos sin esos hogares?

Era realmente una época de gran peligro para Israel; de confusión y dolor. Los padres sollozaban y llevaban el duelo; los líderes estaban preocupados pero toda ayuda era inútil; nadie sabía qué hacer y el hogar judío seguía derrumbándose.

Fue entonces que surgió Sara Scheriner.

Existe una canción casi legendaria cantada por miles de muchachas del movimiento Bet Yakov acerca de Sara Sheriner.

"En un pequeño pueblo de Polonia,
no hace tantos años,
vivía la madre de Bet Yakov,

no hace tantos anos,
vivía Sara Scheriner,
pueda su recuerdo seguir siempre latente".

La canción sigue con el retrato de Sara Scheriner y la descripción de como llegó a formar el Bet Yakov. Era una mujer simple, costurera de profesión, cuyo corazón y mente emanaban amor por Hashem y Su pueblo. Observó la peligrosa situación del pueblo judío y supo que ella solo se debía a que las muchachas judías se alejaban del judaísmo por no habérseles enseñado que era el judaísmo. Hizo un llamado a los padres, Rabinos y líderes de la comunidad. "Debemos hacer que nuestras hijas puedan aprender y estudiar Tora. Debemos ayudarlas a enfrentar los problemas de nuestros tiempos; y esto solo puede lograrse si les damos la posibilidad de aprender y estudiar nuestra Tora. Debemos enseñarles nuestros ideales, para que puedan comprender nuestra forma de vida… y apreciar lo dulce y maravillosa que es".

Siguió insistiendo. Comenzó la primera escuela Bet Yakov con solo diez niñitas en su propio departamento. Esta fue creciendo rápidamente. La fama de la escuela fue divulgándose, y padres de toda colonia comenzaron a establecer escuelas en sus comunidades, pueblos y ciudades. Llegaron a ser tantas que formó un movimiento.

No fue fácil. Muchos se sintieron escandalizados por la idea de tener secuelas de Tora para niñas. Fue atormentada por la "izquierda", es decir, los no religiosos y asimilados, y criticada por la "derecha", los religiosos y observantes. Estos últimos sostenían que esta idea rompía con la tradición; que el aprendizaje en casa, de madre a hija había bastado en generaciones anteriores y que, por tanto, no había necesidad de escuelas para niñas. Surgió gran controversia. Pero Sara

Schenirer no se dejó intimidar. Siguió luchando hasta sortear todos los obstáculos.

Al principio, Sara era quien enseñaba en su escuela. Pero llegó un momento en que no pudo seguir sola. Tomó entonces a las niñas mayores, cuya edad fluctuaba entre 10 a 15 años y las preparó para que pudiesen enseñar y llevar una clase. Estas jóvenes profesoras, llenas de idealismo, eran enviadas a las nuevas escuelas. Cuando se pedía que se fundase una escuela Bet Yakov en un pueblo lejano, Sara Shenirer solía acompañar a sus jóvenes "profesoras". Viajaban en tren, estaba ya todo listo para establecer la escuela Bet Yakov. Después de reunirse con los interesados, formaba una comisión cuya tarea era preocuparse de que no faltase nada en la escuela ni para la profesora. Solo entonces volvía a sus salas de clases.

Estas profesoras compensaban su falta de experiencia y poca edad con su gran sinceridad, entusiasmo y dedicación. No solo eran maestras sino también organizadoras y líderes de sus escuelas.

Una de sus discípulas cuenta el siguiente incidente: Sara Schenirer llegó una vez a un pueblo con una de sus jóvenes profesoras y se encontró frente a un grupo de niñas que las recibieron con piedras. Estas habían resuelto que no habría en su ciudad una de esas "anticuadas escuelas Bet Yakov". Iban a hacer todo lo posible para sacar a esa profesora del pueblo".

Una de las piedras alcanzó a la niña, quien se puso a llorar, no de dolor sino por el fuerte antagonismo de esas niñas con quien tendría que vivir.

¿Qué hizo Sara Schenirer? Consoló a su alumna y recogiendo una de las piedras dijo: Ya verán. Estas piedras se convertirán en ladrillos y nos servirán para construir nuestra

Bet Yakov. Sara Schenirer tenía razón: las piedras quedaron firmemente asentadas dentro del monumental edificio del Bet Yakov.

Hoy en día, el Bet Yakov es un movimiento que comprende miles de escuelas en el mundo entero. Dondequiera que haya una comunidad judía observante habrá una escuela para niñas. Nuestras hijas no solo aprenden los cinco Libros de Moisés (Jumash) y sus comentarios, sino también los Profetas y otros Libros de la Biblia, así como de nuestra historia, lengua, ética y Shuljan Aruj (leyes y Halajot). Esto además de todo tipo de materias seglares.

Tenemos el privilegio de ver generaciones de mujeres instruidas y bien preparadas que construyen verdaderos hogares judíos, de donde llenos de alegría, felicidad y santidad. Reina en ellos la armonía y una profunda paz espiritual. Esto es cada vez menos frecuente en la sociedad actual.

Utilicemos la fórmula secreta de Sara Schenirer y volvamos a dar base sólida y alentadora a nuestro pueblo judío.

Agrandar Su Conocimiento

Cronología De Las Primeras 22 Generaciones Del Mundo

Nombre de Muerte	Años	Año de Nacimiento	Año
Adam	930	1	930
Shet	912	130	1042
Enosh	905	235	1140
Kenán	910	325	1235
Mehalel	895	395	1290
Yered	962	460	1422
Janoj	365	622	987
Metushelaj	969	687	1656
Lemej	777	874	1651
Noaj (Noe)	950	1056	2006
Shem	600	1558	2158
El Diluvio		1656	
Arpajshad	438	1658	2096
Shelaj	433	1693	2126
Éver	464	1723	2187
Peleg	239	1757	1996
Reu	239	1787	2026
Serug	230	1819	2049
Najor	148	1849	1997
Teraj	205	1878	2083
Avraham	175	1948	2123
La Torre de Bavel		1996	
Isaac	180	2108	2228
Yaakov	147	2108	2255

Ecología:
Punto De Vista Judío

En el último tiempo se ha puesto muy de moda el problema de la ecología. El siguiente artículo, cuyo título original es "La Tierra es de HaShem", escrito hace ya veinte años, nos muestra como la tradición judía enfoca nuestra relación y responsabilidad para con el medio ambiente. Verán ustedes como incluso este tema ha sido tratado hace mas de mil quinientos años por los sabios del Talmud y sus antecesores en un maravilloso equilibrio entre el bienestar social y la protección del medio ambiente, como una parte básica y natural en la forma de vida tradicional del Pueblo de Israel a lo largo de su historia.

La Tierra es de HaShem

"Entonces el Santo, Bendito Sea, creó el primer hombre, lo llevó y le hizo pasar delante de todos los árboles del Jardín del Edén, y le dijo: contempla Mis obras, ¡cuán hermosas y excelentes son! Ahora bien, todo lo que he creado lo hice para ti. Reflexiona sobre esto y no dañes ni destruyas nada: puesto que si tu lo dañas, nadie podrá componerlo después de ti".

Nadie puede trasladar piedras desde sus predios a terreno público. Un individuo estaba moviendo piedras de sus predios a terreno público cuando un hombre piadoso lo descubrió y reprendió: 'Necio, ¿por qué mueves piedras de tu tierra, a tierra que no es de tu propiedad'? El individuo se río de él. Cierto tiempo después tuvo que vender sus tierras y, al caminar por aquel terreno público, se tropezó con esas piedras. Entonces dijo: "Cuán sabio fue aquel hombre piadoso, quien me pregunto por qué trasladaba piedras de mi propia tierra a predios ajenos".

Estas dos fuentes rabínicas están dotadas de una profunda respectiva moral y de enfoques (utilitarios) pragmáticos, y constituyen un ejemplo de la preocupación judía por la forma como el hombre trata al mundo de D's. Dado que es la preservación del medio ambiente es un tema de constante preocupación mundial, se impone analizar concienzudamente nuestras fuentes tradicionales, y la forma en que la comunidad judía debe enfrentar esta problemática. Es con este fin que se redactó el presente documento.

Es natural que el judaísmo se preocupe del medio ambiente. Desde que la problemática ganó popularidad en el mundo en la década de los sesenta, se han escrito varios artículos importantes sobre el tema basado en la gran cantidad de fuentes bíblicas, rabínicas y místicas que versan, directa o tangencialmente, sobre el mismo.

Gran parte de la discusión gira en torno al mandamiento bíblico de "Bal Tashjit" -no destruir sin sentido algo con lo cual alguien pudiese beneficiarse. El origen de dicha prohibición es el precepto bíblico que ordena a los soldados en guerra no talar árboles frutales para utilizar la madera con el fin de asediar al enemigo.

Es evidente que si en ese momento de gran necesidad y de vasta destrucción se imponen restricciones a la utilización de recursos naturales con el fin de preservarlos, entonces comprueba que las preocupaciones de índole medio ambiental poseen honda raigambre en la tradición judía.

Téngase presente que pasa en los ejércitos en tiempos bíblicos, tamaña restricción sería equivalente a una declaración contemporánea que colocará a la mitad de todos los recursos petroleros disponibles fuera del alcance de un ejército moderno. En vista de ello, nosotros debemos obligatoriamente extender dicha prohibición a nuestra situación, sin duda menos extrema. La prohibición de destruir el medio ambiente alevosamente se aplica a todo el mundo ya que hasta los soldados en el fragor de la batalla no están exentos de acatarla. De hecho, Maimonides (RaMBa"M) incluye una amplia gama de actividades destructivas bajo esta prohibición, demostrando así que sus parámetros siempre fueron considerados más amplios que los versículos bíblicos sobre guerra y árboles frutales parecieran indicar.

No solo están prohibidos los actos directos de destrucción alevosa, sino que también los actos indirectos como bloquear las fuentes hídricas de las cuales se sustentan los árboles. De igual forma cuando el que hacer normal del ser humano requiere una cierta destrucción de recursos naturales, se deben preferir métodos que impliquen un menor grado de destrucción (ej. destruir el árbol frutal). Esta prohibición incluso es aplicable a la destrucción parcial o la devaluación innecesaria de dinero.

Más allá de la prohibición de destruir, existe un numeroso conjunto de leyes que versan sobre la conservación general de la calidad de vida ambiental. La Mishna en el segundo capítulo de Baba Batra, prohíbe que se abra un local comercial en un patio si la contaminación acústica generada por las palomeras estuviesen ubicadas a menos de 50 codos (30 mts. aprox.) de distancia de la ciudad para que las aves no dañen los huertos, y que las áreas de trillado también se mantengan a la misma distancia para impedir que la paja molida contamine el aire que respiran los habitantes de la ciudad. De igual modo, la carroña, las tumbas y las curtiembres deben estar a la misma distancia debido a los malos olores.

En último caso, también puede exigirse que la curtiembre este situada en dirección opuesta a los vientos prevalecientes en la región. Esta serie de leyes es una obvia precursora, a la vez útil precedente para todo tipo de análisis halajicos sobre problemáticas medio ambientales del mundo de hoy.

Las preocupaciones medio ambientales también se extienden a otras áreas. D's quitó a las siete naciones canaaneas y a sus fieras del paso del ejercito judío liderado por Josué, pero en forma muy gradual para que la tierra no quedara desolada y el medio ambiente, destruido. El libro de Jonas (Yona) concluye con la explicación de D's a Jonas de por que la ciudad de Ninive le era tan importante. Pero el libro culmina con las palabras "U'vhema Raba" -muchos animales. Ellos y la preocupación medio ambiental por su bienestar formaban parte integral de la preocupación divina y, por lo tanto de la nuestra. La consigna del atuendo es "que se desgaste y te compres otro" Esto, sin embargo, no se dice por el calzado de cuero ya que un animal deberá morir para que el deseo se cumpla, por ello no se dirá Shehejeyanu cuando estrenemos calzado de cuero.

De igual forma, quien por primera vez faena un animal no pronuncia la bendición "Shehejeyanu" (la bendición de agradecimiento por haber llegado a ese momento), ya que el animal debe morir en el proceso.

Incluso las más sencillas amenidades medio ambientales que mejoran la calidad de vida caen bajo el escrutinio de la Halaja. Por ejemplo, las ciudades de Israel están circundadas por un "Migrash" -un área de 1000 codos (600 mts. aprox.)- para esparcimiento público, en la que nada puede interferir. Debido a ello, los árboles deben estar plantados de 25 a 50 codos (15 a 30 mts. aprox.) de distancia de las murallas de las ciudades (dependiendo de la especie y de la cantidad de sombra que ofrecen).

Según los Rabanim (sabios en la Tora), no se puede convertir al "Migrash" en un huerto ya que destruye la hermosura de la ciudad. Es de interés notar que no se puede convertir a un huerto en "Migrash" puesto que disminuirían las cosechas. Además, también se prohíbe convertir al "Migrash" en ciudad ya que eso acabaría con la belleza de la ciudad mientras que convertir una ciudad en "Migrash" destruiría moradas de personas. Sin embargo, Rabí Eliezer, para conservar las ciudades judías, permitía convertir un huerto en "Migrash" y un "Migrash" en parte de una ciudad.

Similarmente, aquellos animales conocidos por los agricultores como "langostas lanudas" (ej. ovejas y ganado pequeño) no pueden ser criados en Israel, ya que sus hábitos de pastores acaban erosionando la tierra y arruinando las cosechas.

Existe una interesante ley que promueve el buen desarrollo del medio ambiente en la Tierra de Israel, la que se deriva del caso en que el viento hubiese arrancado los olivos de un agricultor, y luego apareciesen plantadas estos mismos en el predio de otro. Aunque abundan los argumentos y contra argumentos en torno a la interrogante de que le pertenece a quien en relación a los árboles y a los frutos que dan en su nueva ubicación, todos concuerdan en que no se deben devolver los árboles a su lugar original.

Rabí Yojanan, el artífice de dicha Halaja, basa su decisión en su preocupación por que Israel este bien cultivada y poblada. Se resume que el agricultor reemplazara los árboles que perdió y habrá dos arboledas similares donde anteriormente solo había una. Esta decisión le valió al Rabí Yojanan apelativo de "gran maestro" de parte de Rabí Yirmiyahu.

Una preocupación similar llevó a introducir ciertos cambios en el servicio del Templo. Se prohibió utilizar la madera de olivo y de viñedos en el altar. Hay quienes opinan que la razón también radica en la preocupación por poblar y cultivar la Tierra de Israel. Otros son más específicos: estos tipos de madera producen mucho humo al quemarse y debe evitarse que el aire se contamine.

De hecho, la mayor parte de los estorbos, si son implementados en beneficio de alguien y simultáneamente son tolerados por sus vecinos, no podrán suprimirse con posterioridad a raíz de sus quejas. Esto, no obstante, no se aplica en cuatro casos específicos: el humo, la fetidez de los baños, el polvo y las vibraciones.

Se asume que estas son molestias tan "graves" en el medio ambiente de las personas que nunca puede asumirse su plena y verdadera aceptación. Por lo tanto, si la ocupación de una persona determinada produce alguna de estas clases de contaminación, el individuo debe protegerse adhiriendo formalmente el derecho a generar dichas molestias. Hallamos un corolario para esta Halaja (norma, ley) en el caso de los vecinos de un patio que logran impedir que uno de ellos desempeñe labores que generan contaminación acústica u otras molestias en ese patio. La única persona exenta es quien enseña Tora a los niños.

Jerusalén, como la ciudad más sagrada también gozaba las leyes especiales orientadas a proteger su inigualable medio ambiente para el solaz tanto de sus habitantes como de quienes la visitaban. Así, la basura era transportada a las afueras de la ciudad y se prohibía el funcionamiento de hornos de calcinación en su interior.

Shaátnez - Una Mezcla De Lana Y Lino

Hay un refrán que dice "El hábito hace al monje". Se puede aprender mucho acerca de una persona a través de sus prendas de vestir. Su elección de estilo, color, tela, y detalles de manufactura, al igual que su estado y la forma de vestirlas, todo ello refleja algo del carácter de quien las usa. Quizás aún más importante es la huella que queda en la persona misma, puesto que él es quien vive en el mundo de sus deseos y ambiciones, su vestimenta será un permanente recordatorio de la manera en que se observa a sí mismo.

Al comienzo de la Torá se nos relatan dos eventos relacionados con la vestimenta. De hecho, estos dos eventos, que ocurrieron en los albores de la historia, cambiaron al mundo en que vivimos.

Adam y Javá, antes de comer del fruto prohibido, vivían en un plano de existencia superior al nuestro. Aunque sentían las mismas necesidades físicas que nosotros y la satisfacción es la misma que la nuestra, no estaban identificados con ellas. Por lo tanto, tenían plena libertad para lograr la finalidad para la que fueron creados - el perfeccionar tanto al mundo que los rodeaba como a sí mismos. Su comprensión estaba regida por los patrones de verdad y mentira. Su labor era construir y dirigir un mundo de infinita virtud, repleto de todo tipo de manifestaciones del verdadero bien.

Sin embargo, después de comer del "árbol del conocimiento del bien y del mal", su percepción cambió. Su visión anterior de la verdad se volvió borrosa y comenzaron a identificarse con sus cuerpos, revestimiento físico de su espíritu. El deseo por los goces físicos comenzó a ocupar el lugar de la aspiración por lograr elevadas metas. Se dieron cuenta que la única forma de retornar al propósito de la Creación era desviando sus pensamientos lejos de lo meramente físico. Lo físico tiene tiempo y espacio, pero si no se lo mantiene en su perspectiva correcta, interfiere en los logros reales. Por lo tanto, buscaron cubrirse. El Creador les ayudó proporcionándoles vestimenta adecuada.

El Creador fue incluso más allá. ¡Él maldijo la tierra! ¿Por qué una maldición? ¿Por qué la tierra?

La primera clave necesaria para contestar esta pregunta es comprender que El Creador, la fuente del bien, no castiga por venganza. Las semillas del perfeccionamiento yacen en el castigo Divino.

La segunda clave es que la tierra simboliza lo físico, puesto que de ahí proviene nuestro sustento. Esta maldición hizo del trabajo esforzado un requisito imprescindible para cultivar y obtener alimento. Se esperó que ello provocaría un desencanto con respecto al materialismo, para poder concentrarse en asuntos de mayor relevancia.

Los hijos de la primera pareja oyeron este mensaje y escogieron sus profesiones según el mismo.

Su primogénito era Caín, que significa "adquisición". Este decidió labrar la tierra para adquirir riquezas materiales y utilizarlas como medio para lograr grandiosas metas espirituales. Sin embargo, la compenetración intensa con lo físico llevó a convertirlo, de por sí, en una meta.

Su segundo hijo, Abel, que significa "inútil", se dio cuenta de la inutilidad de lo físico como un fin en sí mismo y de la falencia en el enfoque adoptado por Caín. Para minimizar su relación directa con la tierra, se convirtió en pastor. Se conformaría con lo que había disponible a ojos vista para satisfacer sus necesidades materiales, teniendo así mucho tiempo para meditar y concentrarse en metas más elevadas. La culminación de sus esfuerzos lo representa el holocausto que ofreció al Creador. Al transformar lo material en algo menos físico, simbolizó su deseo y plegaria para utilizar su ser físico en la consecución de metas espirituales. Utilizó una de sus mejores ovejas para dicho propósito. Nunca había sido trasquilada, lo que le daba un doble simbolismo, mediante el nexo con la vestimenta. Como se hizo mención anteriormente, la vestimenta es una manera básica de canalizar las energías de una persona.

Caín también hizo una ofrenda. Era igualmente un material para vestimenta sumamente fino: lino. La resistencia y durabilidad del lino es casi insuperable. Se le puede refinar y posee un brillo lustroso. Sin embargo, tan sólo puede utilizársele después de mucho trabajo. Esto representa lo que puede lograrse al desarrollar el mundo físico. Pero los motivos de Caín dejaron de ser puros, y su ofrenda no fue íntegra. Esto se evidenció porque no tomó el material de mejor calidad para su ofrenda, la que, en consecuencia, no fue aceptada. Sus prioridades erróneas le llevaron exactamente a lo opuesto del propósito de la Creación: el asesinato de su hermano y en última instancia, al suyo propio, junto con la destrucción de innumerables generaciones futuras.

El Creador quería efectuar una separación entre sus ofrendas. No es de sorprenderse que lo haya hecho en la forma de una Mitzvá relacionada con la ropa: Shaátnez es un término que se utiliza para designar a una mezcla de lana y lino. Está prohibido vestir una prenda que contenga tal mezcla, ya sea hilada, tejida o cosida. La Torá le ha asignado a esta mitzvá una importancia equivalente a la de comer Kasher.

Hasta hace no mucho tiempo, era relativamente sencillo cumplir con la mitzvá de shaátnez. Las telas y vestimentas eran generalmente menos complicadas y la gente (con frecuencia) podía distinguir la lana y el lino de otras fibras.

Sin embargo, la tecnología moderna ha afectado mucho a la industria textil. Las áreas de la ingeniería textil y el reprocesamiento de fibras han causado que el shaátnez se oculte en muchos lugares, sin que el consumidor (y a veces incluso el fabricante) se dé cuenta. Es poca la gente que hoy en día sabe detectar la presencia de lana y lino mezclados. Quien desee cuidar esta importante mitzvá deberá examinar prendas que puedan contener lana y lino, al igual que todas las chaquetas de ternos (incluso las chaquetas cuyas etiquetas indican 100% poliéster, por ejemplo, puesto que frecuentemente se utiliza lana bajo el cuello). La ropa invernal para mujeres y niñas frecuentemente se fabrican con lana mezclada con lino, o con lana bordada de lino.

Por fortuna, un grupo de personas dedicadas se ha organizado para investigar y combatir los problemas contemporáneos relacionados con el shaátnez. Primero formaron "The Shaátnez Laboratory" (el laboratorio de Shaátnez). Después fue creado una organización llamada N.C.S.T.A.R., un acrónimo inglés que significa "comité nacional para los investigadores y revisores". Ella incluye laboratorios para investigar el shaátnez a lo largo y ancho de los Estados Unidos y en otros lugares del mundo.

El Talmud afirma que ahora que no tenemos Bet HaMikdash (Templo Sagrado en Jerusalén), nuestras plegarias sustituyen a las ofrendas. Por consiguiente, no es causa de asombro el enterarse que las plegarias no son aceptadas si la persona viste shaátnez en el momento de pronunciarlas.

Ojalá que el Creador escuche todas nuestras plegarias y conceda bondades a nosotros y a todo Israel.

El Hombre Linear

Es propio de la naturaleza del hombre que al llegar una nueva estación del año comience a desear saber qué le deparará el destino en el período siguiente.

Nosotros, en Israel, recordamos la época anterior a la Guerra de Yom Kippur, cuando la vida parecía relativamente tranquila y segura, y cedíamos a un sentimiento de satisfacción. Desde el advenimiento del Estado experimentamos un conflicto continuo y sufrimos la permanente intrusión de fuerzas hostiles, de modo que ese período nos dio un respiro.

Entonces, sin previo aviso, sin que estuviéramos preparados psicológicamente, la Guerra de Yom Kippur se desató repentinamente contra nosotros. Aunque tuvimos una victoria militar asombrosa, ella fue seguida de un doloroso decaimiento espiritual.

El año 5734 (1973/4) nos causó mucho daño. Ya no fuimos más el mismo pueblo. Al principio parecimos estar emocionalmente deprimidos, sentimos un malestar y temor generales, y advertimos una cuota alarmante de descontento en nuestra juventud. Pero gradualmente comenzamos a realizar lo que fue entonces más importante que nunca: internarnos en los caminos del Todopoderoso y "revivir el espíritu de los humildes y el corazón de los quebrantados" (Yeshayahu LVII), actuaciones de entretenimientos teatrales, sino corrigiendo aquellas distorsiones de la percepción que ocasionan el abatimiento espiritual.

En cada generación nuestra nación ha sufrido y fue asolada por contratiempos muchos más grandes que los de 1973, pero nunca hemos perdido el ánimo, ya que consideramos cada calamidad como la base de la eternidad.

Somos conocidos como el "pueblo eterno". Sabíamos que nuestro mundo no empezaba ni terminaba con las calamidades corrientes. Siempre hemos creído que teníamos un futuro por delante. Sabíamos que "aún cuando se demorase (el Mesías), de todos modos lo esperaré hasta el día que llegue" (Aní Maamím).

Con esta amplia perspectiva la situación fue considerada temporaria y la calamidad tuvo proporciones más reducidas. Si el presente era dificultoso, sabíamos que teníamos un prolongado pasado detrás de nosotros y toda la eternidad por delante.

Nuestros antepasados conocían la enorme longitud de la "línea" del tiempo. Estaban en posesión consciente del pasado, presente y futuro. En otras palabras, eran seres "lineares".

En comparación con nuestros seres "lineares" somos apenas unos pobres "puntos". Vivimos sólo en un mezquino punto del tiempo -el presente. Obviamente nuestro estrecho campo visual desfigura nuestra percepción de los acontecimientos. Los fenómenos del presente asumen enormes proporciones. Los placeres del momento nos parecen más grandes de lo que son en realidad, mientras que los problemas aparentan ser más terribles. Y por primera vez en la historia, en este sentido, los judíos no estamos preparados para lo que pudiera suceder.

Para un niño pequeño la prolongación del tiempo dentro de su percepción se extiende sólo una corta distancia delante de él. Para el pequeño "el pasado ya no está más allí, el futuro aún no está aquí y el presente pasa como sobre un relámpago". A medida que crece se amplía su comprensión del tiempo, su concepción del pasado y del futuro, hasta que adquiere la habilidad de sentir que el pasado está vivo en él en el presente, y que algo semejante ocurre con el futuro.

En general, las naciones reaccionan de manera similar.

Hay algunas que viven sólo en el estrecho marco del presente; en otras, cuyo campo visual es más amplio, el pasado está fresco en su memoria y vivo en su conciencia, en tanto que el futuro se asoma ante ellas e influye sobre sus actos. Por eso nuestros antepasados siempre se identificaron con el Éxodo de Egipto en el pasado, pero también vivieron para el futuro inmediato. Cuando les nacía un hijo plantaban un Cedro para el palio nupcial -La Jupá- (tratado talmúdico Guitín 57a).

Ellos también vivían para el futuro mediato, para el tiempo de la venida del redentor, por la que oraban tres veces al día: "Haz crecer la simiente de David Tu servidor" (del Sidur).

La cultura de nuestra civilización occidental, por otra parte, es una cultura del presente. El pasado no interesa; uno no hace, realmente, planes para el futuro propio y ciertamente tampoco para el futuro de sus hijos. Se trata de vivir el presente, disfrutar sus placeres y preocuparse sólo por los problemas del momento.

La fuente de estas distorsiones de la división es la reducción de nuestro campo visual. Sucesos de grandes dimensiones nos parecen normales, pequeños y grises. Échale un vistazo, por un instante, al Holocausto y al establecimiento del Estado de Israel. Sólo por contraste con las circunstancias en las que se hallaba inmersa la historia universal puede uno sentir todo el horror del plasmador. Sólo cuando lo comparamos con otras atrocidades, como ser las Cruzadas o la Expulsión de España, podemos comprender cuán inhumano e incomprensible fue ese fenómeno. Sólo entonces nos damos cuenta que ese hecho no tiene igual en toda la historia de la humanidad. Similarmente, sólo el prolongado exilio, el establecimiento del Estado de Israel adquiere su significación y dimensión reales como un acontecimiento histórico prodigioso que no puede ser comparado con el advenimiento de ningún otro estado nuevo en Asia y África. Lamentablemente, ya nos hemos habituado a la idea del Holocausto y el Estado de Israel. El recuerdo del Holocausto ya no nos hace estremecer y el mero conocimiento de la existencia del Estado de Israel tampoco hace temblar de emoción.

Hay quienes arguyen que en nuestra época es imposible vivir de acuerdo con normas establecidas hace miles de años - como si el hecho que este asunto arraigue en el pasado fuese suficiente para desaprobarlo. Esto también es una evidencia de la concepción "puntual", como si tuviésemos que vivir sólo en ese punto que es el presente, sin tomar conciencia de la vasta extensión histórica del tiempo y de todo lo que contiene, ni considerar los sempiternos fundamentos revelados en el pasado.

En cuanto al tema de nuestros derechos sobre la tierra de la que fuimos despojados, la actitud estrecha de la concepción "puntual" no nos permite ver la continuidad histórica guiándonos desde la época en que nuestros antepasados fueron exiliados de su territorio hasta la actualidad. No tenemos la capacidad de vernos a nosotros mismos como la continuación de los desterrados de Judea. Nuestros alumnos que recién aprendieron la historia de las más recientes generaciones de Israel, piensan que allí es donde comienza nuestra existencia, y esto es una verdadera lástima. Una generación que no conmemora Tish'á BeAv por medio del duelo no se puede considerar heredera de aquéllos que fueron exiliados ese día nefasto. El comienzo intelectual no es acompañado por la "comprensión del corazón". El reclamo que el pasado no puede interponerse sobre el presente es absurdo. No obstante, un fuerte sentimiento de culpa por vivir aquí, en la Tierra de Israel, se ha apoderado de gran parte de nuestra juventud.

No sucedía lo mismo con nuestros padres. En Pésaj se veían marchándose de Egipto y en Tish'a BeAv se consideraban personalmente exiliados de su tierra. ¿Se hubieran sentido tan directamente afectados de no haber pertenecido a la misma línea directa de sucesores de aquéllos que fueron despojados, o de no ser un eslabón en la continuidad misma de la historia?

El desprestigio del pasado originó otro tipo de distorsión: una drástica inversión de nuestro sistema de valores. No deseamos recordar nuestro pasado porque sus valores ya no llenan nuestros corazones de orgullo y nosotros mismos no queremos estar asociados a ese pasado, que representa todo aquello de lo que anhelamos alejarnos. Nos revelamos contra el estilo de vida de nuestros padres pues queremos ser una nación como todas las demás. Nos alzamos contra el mundo de nuestros padres, un mundo en el que el resplandor de los ángeles modifica el aspecto del Galut. De esta manera echamos por la borda tanto el aspecto del Galut como el resplandor de los ángeles. Y todo esto que convirtió a nuestros antecesores en únicos en su género, ya que su mundo estaba lleno de Torá y Mitzvot, se transformó para nosotros en una fuente de molestias que evitamos hacer renacer en nuestra conciencia.

Si ni siquiera pensamos en el futuro ¿de qué nos sirve éste cuando nos hallamos en el presente? Nuestro destino, aquél al que RaMBa"M denominó "los días del Mesías", "no nos fue acordado con el propósito de ser exaltados por ellos (los pueblos), ni para comer, beber y alegrarnos, sino para poder consagrarnos al estudio de la Torá, sin que ningún opresor nos estorbara en ello y poder así ganarnos la vida en el mundo venidero" (Yad Jazaká, "Hijlot Melajim" XII, 4), no nos fascina. Queremos comer, beber y alegrarnos "ahora". ¿Por qué pensar en el futuro? Y, naturalmente, los placeres materiales del futuro no son preferibles, de ninguna manera, a los del presente. ¿Por qué posponer las satisfacciones para cuando seamos viejos y menos capaces, por ende, de disfrutarlos?

Si pudiéramos ampliar nuestra perspectiva, aprender de nuestro prolongado y glorioso pasado que nuestros vínculos con esa tierra no comenzaron en 1948, podríamos fortalecerlos más aun. Acerquemos el Libro a nuestros corazones aun cuando esté viejo y gastado, y constatemos que esa antigua sabiduría, al igual que el vino, gana en sabor a medida que transcurre el tiempo. Tomemos en consideración a los más grandes dirigentes de nuestro pasado y mostremos por qué podemos estar hoy tan orgullosos de ellos.

En vez de enseñarles a nuestros niños sólo la historia de las recientes generaciones pongamos de relieve el hecho de que tenemos una historia de más de tres mil años.

Demostrémosles a nuestros alumnos cómo las cosas concuerdan con la continuidad de la historia. No hablemos meramente de Abayé y Rabá, sino de aquellos Abayé y Rabá cuyas enseñanzas estuvimos aprendiendo durante mil seiscientos años; no mencionemos a RaSh"I sin más ni más; explayémonos sobre este exegeta, que aún después de casi mil años continúa explicándonos el TaNa"J y la Guemará; no hablemos meramente de Rabí Yosef Caro y el Shulján 'Aruj, sino también sobre la "mesa" que fue preparada para nosotros por espacio de cuatrocientos años y nos sigue ofreciendo un banquete. Y así, también, de Rabí Jayim ben Atar, que nos estuvo hablando, a través de su libro Or HaJaim, durante doscientos treinta años. Y el Gaón de Vilna, y el BeSh"T, cuyas sendas transitamos hace ya doscientos años.

Procuremos aguzar nuestra conciencia del futuro así como lograr que la fe eche raíces en nuestros corazones de acuerdo a la promesa: "Porque no dejará D's a su pueblo" (Tehilim XCIV,14), y tengamos fe en la venida del Mesías, de acuerdo a la promesa que nos hiciera el Señor a través de sus profetas.

Debemos saber que la eternidad se extiende infinitamente con anterioridad al pueblo de Israel. Por eso los retrocesos y dificultades temporarias pueden dejar su impronta en una generación, pero no en las demás. En alguna parte, más adelante, el redentor está esperando "tras nuestra pared, mirando por las ventanas, mostrándose por las rejas" (Shir HaShirim –"El Cantar de los Cantares- II, 9).

Nuestra fe en la venida del Mesías necesita, hoy por hoy, un refuerzo y la esperanza en la redención total. Cuando colocamos los valores de la Torá, y el saber al frente de la escala, cuando comenzamos a anhelar, antes que "comer, beber y regocijarnos", y la "vida en el mundo venidero", entonces la venida del Mesías no resulta algo totalmente lejano e inasequible, sino una esperanza por la que nos desvivimos.

El hombre "puntual" vive sin tomar en cuenta las consecuencias futuras. Su filosofía es "comamos y bebamos, por que mañana moriremos". El hombre "linear", en cambio, dice: "Hagamos un balance, administremos la eternidad". ¿Qué preferimos, la pérdida de una Mitzvá o la recompensa por cumplirla? ¿El beneficio de una transgresión o la pérdida por efectuarla? (tratado talmúdico Babá Batrá 78b).

El hombre "puntual" es como un "rastrojo llevado por el viento", agitado por el cambio más ligero en su vida. El hombre "linear", en cambio, mantiene su estabilidad y no desfallece en épocas difíciles.

Ven, miremos ahora el mundo con la visión "linear" y preparemos a aquéllos que quieren dar la bienvenida al redentor, a quién habremos de esperar, cualquiera sea el día en que viniere.

Que Es Una Mikve?

INTRODUCCION

Un amigo mío que ha visto Rusia muchas veces, cuenta acerca de un encuentro "secreto" realizado con una joven familia judía en alguna ciudad de Rusia: "Luego de una complicada discusión acerca de los problemas que enfrentaba la comunidad, mi amigo se ganó la confianza del marido, un hombre alto y robusto llamado Ya'akob. Mi amigo estaba por retirarse cuando Ya'akob le dijo: "Espera, quisiera mostrarte algo".

Llevó a mi amigo hasta donde se encontraba un ropero. Antes de abrir la puerta del mismo, miro casi instintivamente sobre sus hombros para asegurarse que ninguna mirada inoportuna estuviese observándolos. Sintiéndose a salvo de miradas indiscretas, Ya'akob abrió el ropero, retiró una cantidad de cajas y levantó cuidadosamente una tabla del piso que cubría, en realidad, un subsuelo. Debajo de las tablas del piso había una escalera que conducía a una pequeña piscina. "Esta es la Mikve de la ciudad", nos informó muy orgulloso, "la usan más de cuarenta familias". Ya'akob explicó, luego, acerca de los riesgos que surgieron al construir la Mikve. No se podía construir ningún elemento religioso accesorio sin la expresa autorización del gobierno. Pues si no, estaban sujetos a tremendas penalidades. Por otra parte, la casa era propiedad del gobierno. En caso de ser descubiertos, deberían sufrir una prolongada prisión por "desfigurar" la casa.

Con mucha precaución, comenzó a explicar cómo se construyó la Mikve. Todo el trabajo debía ser hecho con la mayor de las reservas. Nadie, ni siquiera sus amigos mas íntimos podían estar enterados acerca de lo que Ya'akob estaba haciendo. Se realizaban solo pequeñas excavaciones para que se pudiera deshacer de la tierra sin despertar ninguna sospecha. Se adquirieron pequeñas cantidades de cemento -"para hacer reparaciones menores"- hasta que hubiese lo suficiente para "delinear" la Mikve. Para obtener las cañerías destinadas a los aparatos sanitarios, se debían emplear los mismos subterfugios. Además, se debía cumplir con las rigurosas exigencias de la Ley judía. Esto resulta difícil en cualquier circunstancia, aún cuando lo reservado de la situación no fuese de tanta importancia.

Ya'akob no se atrevió a informar nada acerca de la Mikve hasta que la misma estuviera terminada. Comenzó por compartir su secreto con sus amigos más íntimos y, gradualmente, se fueron agregando otros familiares, quienes fueron invitados a hacer uso de la Mikve. Aunque la mayoría de ellos no lo creía posible, venían de todos modos. Poco tiempo después, el proyecto se había transformado en la Mikve de la comunidad.

Un año después de esta reunión, Ya'akob y su familia pudieron, finalmente, emigrar hacia Israel. Aún cuando todos sus hijos habían nacido y se habían criado en Rusia, continuaban siendo fieles a la práctica del judaísmo.

Cuando se le preguntó por qué se había comprometido con todos los gastos y riesgos, para construir la Mikve, Ya'akob explico: "Sin la Mikve, no podía vivir como judío".

Uno de los recientes y más excitantes acontecimientos arqueológicos, en Israel fue la excavación del fuerte en la montaña de Massada. Aquí dejaron su constancia algunos de los últimos defensores de la antigua Israel, quienes hace 1800 años dieron su vida por esta tierra sagrada.

De todos los fascinantes descubrimientos hallados en Massada, uno de los más importantes fue el hallazgo, no de una, sino de dos Mikvaot (plural de Mikve). Siguiendo la práctica usual, una estaba más adatada, probablemente, a los hombres, en tanto que la otra estaba destinada a las mujeres.

Como se aprecia, en la Unión Soviética no se permitiría establecer ni utilizar la mikve como prescribe la Ley judía para toda la mujer casada, cada mes. La pureza familiar constituye el pilar central del judaísmo, siendo fundamental para cualquier comunidad judía poseer una Mikve apta según la Halaja. Este es el uso prioritario que durante todas las generaciones le dio el pueblo de Israel a la Mikve. La conversión también se debe realizar a través de una inmersión en la Mikve, pero como fenómeno poco frecuente. La Mikve reservó su función fundamental a partir de las reglas de la pureza matrimonial que toda mujer judía esta enseñada para cumplir.

Aquí se encontraban luchando por sus vidas, oponiéndose al poderío de todo el imperio romano. Sin embargo, encontraron recursos y tiempo para construir dos Mikvaot en la cumbre de la montaña de Massada. Siendo judíos y estrictos observantes, sabían que no podrían existir las Mikvaot. Mientras se estaban llevando a cabo las excavaciones en Massada, dos expertos en Mikvaot, el Rabino David Muntzberg y Rabino Eli'ezer Alter, las examinaron. Después de un examen muy escrupuloso, informaron que las Mikvaot habían sido construidas de acuerdo con las minuciosas exigencias de la Ley judía -"entre los más exquisitamente refinados- siete veces siete". Después de 1800 años, no han cambiado ni la Mikve ni su importancia.

En los últimos años, el asunto de la conversión ha recibido mucha publicidad, especialmente en Israel. Aún en el medio ambiente americano se ha estado hablando del término 'Guiyur KaHalaja' -conversión de acuerdo a la Ley judía-. Mucha gente ha comenzado a tomar conciencia acerca de las exigencias específicas que se involucran en la conversión al judaísmo. Una de estas exigencias es la inmersión en una Mikve.

La conversión es una experiencia única y de mucha trascendencia. Involucra un cambio de identidad, y el asumir una nueva condición, es decir, la de ser judío. En consecuencia, los rituales que forman parte en la conversión incluyen los elementos básicos del judaísmo mismo.

El hecho de que la Mikve sea indispensable en la conversión, indica que es un elemento importante dentro del judaísmo. Por cierto, cualquier versado en la tradición judía, sabe que esto es real. El uso de la Mikve es uno de los principales factores que distingue tradicionalmente al judío del que no lo es.

Muchos se sorprenderían al enterarse que la Mikve es más importante que la sinagoga. Puede ser que esto no sea obvio dado que, en muchas comunidades, los edificios de las sinagogas son majestuosos y caros, en tanto que la Mikve es de pequeña dimensión y se mantiene con pocos recursos. Sin embargo, la Mikve es más importante. La Ley judía sostiene que una congregación que no tiene su propia Mikve, no posee siquiera su condición de comunidad.

Esto no es solo teoría. En Israel, en donde las autoridades religiosas son particularmente meticulosas, la Mikve es el primer elemento religioso que se construye en una comunidad. La Mikve es de fundamental y primordial importancia. Los servicios de la sinagoga se pueden llevar a cabo, ya sea, en un departamento o bien en un salón. El edificio de la sinagoga se puede construir una vez que la comunidad está bien organizada y establecida.

VISITANDO UNA MIKVE

Muchas personas no han visto jamás una Mikve, y aún aquellos que si la han visto, podría suceder que hayan pasado por alto muchos detalles. Por lo tanto, puede ser útil hacer un cuadro imaginario de lo que es una típica Mikve.

A primera vista, posee más o menos la apariencia de una pequeña piscina. La profundidad del agua llega aproximadamente a la altura del pecho. Tiene una amplitud suficiente como para que tres o cuatro personas puedan estar de pie confortablemente. Para lograr un fácil acceso, hay escaleras que permiten entrar -introducirse- en el agua de la Mikve.

Si se observa más atentamente, se verá un pequeño hueco de dos o tres pulgadas de diámetro (5 o 7,50 cm.) ubicada justo debajo de la línea de flotación en una de las paredes de la piscina. Esta cavidad puede parecer insignificante, pero es lo que le brinda en realidad su condición de Mikve.

Exactamente en el lado opuesto a esta cavidad, se observará una tapa removible sobre un 'Bor' (hoyo) es por si mismo una pequeña piscina la cual se llena con agua de lluvia natural. Es imprescindible que el agua de lluvia entre al 'Bor' de una manera natural. Bajo ciertas condiciones, se puede usar también agua de manantial o de hielo.

POR QUE RAZON LA MIKVE?

Los mandamientos que se encuentran en la Torá pueden dividirse en tres categorías principales.

-Primeramente, se encuentran lo que podríamos denominar como *leyes morales y éticas*, cuya necesidad es claramente obvia. Es así que, cuando la Torá nos dice que no debemos robar, matar, defraudar o herir los sentimientos del prójimo, no tenemos que esforzarnos mucho para comprender las razones de dichas normas. Estas son leyes morales fundamentales para el hombre que tiene que vivir harmónicamente, se los conoce con el nombre de 'Mishpatim' que se traduce literalmente como 'juicios'. Cualquiera que posea un 'juicio' claro de la vida observará que esta categoría de leyes y mandamientos es absolutamente obvia.

-En segundo término, se encuentran otros mandamientos, los cuales, aunque no son 'moralmente' necesarios, llenan una necesidad importante en cuanto al fortalecimiento del judaísmo. Nos referimos a las festividades y rituales que nos permite volver a tomar conciencia acerca de importantes verdades religiosas o bien de la conmemoración de los acontecimientos claves de la historia judía. Por ejemplo, pocos cuestionarían la importancia de la conmemoración de la Pascua judía (Pesaj) que evoca el éxodo de los judíos de Egipto. Por cierto que es una de las conmemoraciones judías que mejor se cumple. Lo mismo sucede con el Shabbat y otras celebraciones. Otro tanto ocurre con los mandamientos tales como el "Tefilin" y la "Mezuza" que nos evocan constantemente la presencia de D's.

Los mandamientos que pertenecen a esta segunda categoría se conocen con el nombre de 'Edot', literalmente se lo traduce por 'testigos' (testimonios). Estas son las prácticas que sostiene el 'testigo' con respecto a los importantes conceptos del judaísmo.

La tercera categoría es la más difícil de entender. Consiste en leyes y mandamientos que no tienen una aparente razón de existir. El mejor y más conocido ejemplo lo constituyen las leyes dietéticas para las cuales no existe una razón explicita, ni en la Torá ni en la literatura Talmúdica. Estos preceptos sirven para fortalecer el vinculo entre D's y el hombre, pero la manera en que lo hacen no es de ningún modo obvia. Las leyes incluidas en esta categoría de mandamientos se conocen con el nombre de 'Jukim', que literalmente se traduce por 'decretos'. Estos son mandatos que debemos obedecer como 'decretos' de nuestro D's, entendamos o no sus razones.

Uno de los más importantes mandamientos incluidos en esta última categoría, es el de la Mikve.

Resulta obvio que esta categoría de mandamientos es la más difícil de cumplir. El Talmud nos dice que estas son las leyes que "La inclinación hacia el mal ("Yetzer Har'a") y las naciones del mundo intentan refutarlas". El no entender las razones para llevar a cabo algo, nos tienta a encontrar excusas para no hacerlo. Cuando tratamos de explicar nuestra religión a los no-judíos, lo que más difícil resulta justificar, son las leyes que no poseen razones obvias para ser cumplidas. Si una persona se siente insegura de sí misma o se muestra vacilante con respecto a su judaísmo, lo primero que hará es abandonar estas leyes. Esto puede explicar claramente la razón por la cual es uso de la Mikve se ha transformado en una de las más descuidadas practicas, e incluso es motivo de bromas en algunos círculos.

El hecho de que un mandamiento no posea una razón obvia para su cumplimiento, hace que su práctica sea, tanto más, un acto de fé. Esto evidencia que estamos preparados y bien dispuestos a obedecer los mandamientos de D's, aún cuando no podamos justificarlos con alguna lógica. Revela, además, la voluntad de ubicar a D's por encima de nuestro intelecto.

Con este espíritu, el pueblo judío aceptó los mandamientos. La Torá relata que cuando Israel la aceptó a ella, su respuesta inicial fue (éxodo-Shemot-XXIV:7): "Todo lo que D's diga, haremos y escucharemos (Na'ase VeNishma)". Nuestros sabios dan importancia al hecho de que la primera afirmación de Israel fuera "haremos..." y en segundo término" escucharemos". Esto pone de manifiesto que cuando recibimos la Torá, ya estábamos dispuestos para cumplir los mandamientos y "hacerlos" antes de "escuchar" cualquier razón o lógica con respecto a los mismos.

El Talmud ilustra lo explicado con la siguiente anécdota:"Un gentil observaba el sabio Raba que estaba absorto en sus estudios. Estaba tan ensimismado con los mismos que no se dio cuenta que su dedo estaba sangrando profusamente debido a un golpe, y no sentía dolor. El gentil hizo el siguiente comentario, 'Ustedes son un pueblo irreflexivo al permitir que vuestra boca preceda a vuestros oídos -y no han tomado conciencia todavía de lo que están haciendo- Ante todo, ustedes deberían haber escuchado todas las razones, y luego podían haber decidido si aceptaban la Torá o no".

El sabio Raba replicó: "Nos hemos entregado con una entera confianza. ¿No está escrito, acaso (Proverbios XI:3) que "La integridad de los justos promete guiarlos?"

Cuando cumplimos con los mandamientos que no poseen aparentes razones que los expliquen, ponemos en evidencia nuestra íntima seguridad en el judaísmo y en la aceptación de nuestro judaísmo a cualquier precio. Aún cuando no seamos capaces de justificar estos mandamientos ante el mundo, nos sentimos suficientemente seguros como judíos, para continuar observándolos. Nosotros comprendemos lo que la Torá quiere significar cuando dice (Deuteronomio -Debarim- IV:6): "Cumplan y observen (los mandamientos), ya que esto representa vuestra sabiduría y entendimiento ante los ojos de las naciones".

Nosotros no cumplimos con los mandamientos porque la lógica lo indica, sino simplemente porque nos fueron entregados por D's. El fundamento básico es la relación existente entre los mandamientos y su Dador. Esto es superior a cualquier sabiduría humana posible.

Esta puede ser una de las razones por la cual un converso al judaísmo debe proceder a su inmersión en la Mikve. El primer paso de un converso al judaísmo involucra un ritual cuya explicación no es ni clara ni obvia. En consecuencia, debe reafirmar su inicial aceptación de la Torá, declarando "haré y (luego) escucharé". Para abandonar su identidad de gentil y asumir la identidad de judío, se le exige participar en un ritual que resulta inexplicable para quien no acepta las bases del judaísmo. De este modo, demuestra que su condición es la de quien cumple con aquellos mandamientos "que la inclinación hacia el mal y las naciones del mundo intentan rebatir".

El hecho de que se nos exija el cumplimiento de ciertos mandamientos sin tomar conciencia de sus razones, no significa que no existe ninguna lógica en su cumplimiento. Sus razones involucran profundos conceptos, los cuales no resultan inmediatamente obvios. Cuando nos damos cuenta que existe un límite más allá del cual no podemos profundizar, recién entonces podemos comenzar a explicar su trascendencia.

Antiguamente, uno de los principales usos de la Mikve estaba destinado a la purificación ritual. Había numerosas razones que llevaban a una persona a ser Tame (ritualmente impura). Lo más significativo de tal Tum-a era el hecho de que a una persona en esas condiciones le estaba prohibido entrar a los terrenos del Templo Sagrado en Jerusalén (Bet Ha Mikdash). La violación de dicha prohibición era severamente penada. La Torá habla de los numerosos hechos que llevan a una persona a ser "Tame", ritualmente impura, y de los variados procesos de purificación. La inmersión en la Mikve es un acto de purificación, requerido en todos los casos.

Las leyes de pureza e impureza ritual pertenecen a la categoría de mandamientos, conocida con el nombre de 'Jukim', decretos sin razón aparente. Estas leyes deben tomarse como acto de fe, porque las decretó D's, tal como se deduce de las enseñanzas de nuestros sabios que decían: "El cuerpo muerto en si no profana y el agua en si no purifica. Es D's quien dijo, en realidad: "He dado una orden y He promulgado un decreto -y ningún hombre puede violar Mi decreto".

Deducimos de estas palabras, que la Mikve implica algún grado de purificación espiritual.

Hasta este momento hemos puesto el énfasis en el hecho de que no existen razones explicitas que expliquen la esencia de la Mikve y sus leyes. No obstante, podemos hacer lo posible para comprender la trascendencia de estas leyes. Con todo, debemos darnos cuenta que las razones que serán luego discutidas, nos brindan solo una pintura incompleta, y que la esencia de la razón fundamental de tales mandamientos, se encuentra más allá de la capacidad del intelecto humano. Por lo tanto, no interesa cuan profundamente indaguemos; estas razones no pueden servir para cambiar o restringir estas leyes religiosas. No importa cuán profundas puedan ser estas razones; debemos comprender que la Torá procede de D's, y que Sus mandamientos pueden abarcar muchos factores que están más allá de nuestro alcance mental y nuestra experiencia. Con este entendimiento, podemos comenzar a examinar a fondo el razonamiento que subyace en el precepto de la Mikve.

Expresándonos muy sencillamente, generalmente consideramos al agua como agente depurador. Si uno está sucio corporalmente, es natural que se limpie con agua. En consecuencia cuando pensamos acerca de la purificación y la limpieza en el sentido espiritual, emplearíamos también agua como agente purificador. Es condición especial de la Mikve que nos permite depurarnos espiritualmente a nosotros mismos, tal como lo hacemos corporalmente.

Si observamos más detenidamente la Torá, llegamos a la conclusión de que la Mikve posee una trascendencia más profunda que la simple purificación, particularmente en dos áreas especiales.

La primera área involucra a la histórica consagración de Aarón y sus hijos como Cohanim o sea 'sacerdotes', lo que ocurrió poco después del éxodo de Egipto, llevada a cabo por Moisés. Aarón y sus hijos prestaron sus servicios como sacerdotes en el santuario 'Mishkan' edificado en el desierto, y sus descendientes han retenido esta condición especial para siempre. Aun hoy, un 'Cohen' es alguien cuyo linaje se remonta directamente hasta Aarón, siguiendo una línea interrumpida.

La Torá nos revela que el primer pasó en la consagración de Aarón y sus hijos como sacerdotes incluyó la inmersión en la Mikve.

En este caso, la inmersión no implicaba 'purificación' sino más bien un cambio en el 'status' (condición espiritual) que, en realidad significaba la elevación de sus 'status'. Aarón y sus hijos poseían originalmente la misma condición espiritual que cualquier otro, pero al producirse su inmersión en la Mikve, alcanzaron la nueva condición de 'Cohanim' o sea sacerdotes.

-La segunda área en donde podemos observar que la Mikve posee una significación especial, es en el servicio del Yom Kippur, en el Templo Sagrado de Jerusalén (Bet HaMikdash). En el capítulo decimosexto, de 'Levitico', se da una explicación especial que se efectuó en el Templo y que no se lleva a cabo desde hace 1900 años. El relato detallado acerca de la misma nos brinda algunos de los más emocionantes episodios de nuestro actual servicio del Musaf de Yom Kippur.

La parte más crucial de este servicio efectuado en el antiguo Templo era la entrada del Sumo Sacerdote ('Cohen Gadol') al lugar más Sagrado -la cámara especial del Templo en donde se guardaba el arca que contenía las originales Tablas de piedra que había recibido Moisés-. Esta era la única oportunidad en el año en la cual se le permitía a algún ser humano entrar al "Sancto Sanctorum" (Kodesh HaKodashim). El Sumo Sacerdote debía llevar vestimentas blancas especiales antes de entrar al lugar más sagrado. Después de abandonar el lugar, se pondría nuevamente las vestimentas de oro que acostumbraba usar durante todo el año.

En el día más sagrado, el 'Cohen Gadol' debía entrar al Kodesh HaKodashim, dos veces. Esto requeriría, en su momento, cinco cambios de vestimentas, dado que debería comenzar y terminar el ritual vistiendo sus ropas de oro. Antes de cada cambio de vestimenta, debía sumergirse en una Mikve.

El 'Cohen Gadol' no estaba de ningún modo desaseado o impuro. Estaba experimentando, en realidad, un cambio en su 'status' (condición espiritual) y esto se simboliza a través del cambio de vestimentas. Una vez que hubo entrado al Kodesh HaKodashim, poseía desde ese momento un 'status' muy diferente al anterior - única condición espiritual que le permitiría entrar en este Sagrado recinto. Este cambio de 'status' se lograba a través de la Mikve.

La inmersión que se realiza en el proceso de purificación ritual involucra el mismo concepto. El agua no está limpiando la suciedad. En realidad, la Mikve modifica la condición espiritual del individuo y lo transforma del estado de 'Tame' (impuro) al 'Tahor' (puro). Evidentemente, esta 'purificación' es más bien un cambio de condición que un proceso de limpieza.

El ejemplo más dramático en cuanto al cambio de 'status' se observa en los casos de conversión. Cabe repetir aquí nuevamente que esto no está referido a la depuración o a la purificación sino solamente a un cambio en la condición espiritual del individuo. Y es, como ya se ha mencionado anteriormente, a través de la inmersión en la Mikve que surge este cambio en el 'status'. Tal como el Talmud lo afirma: "Tan pronto como el converso se sumerge y luego resurge de las aguas de la Mikve, se lo considera como judío en todos los sentidos".

¿En qué forma la inmersión en la Mikve produce un cambio en la persona? Esto se puede entender mejor sobre la base de otra enseñanza talmúdica en cuanto a que "un converso que abraza el judaísmo es como un niño recién nacido".

Esto posee muchas ramificaciones importantes, especialmente con respecto a la anterior familia no judía del converso. Además, nos brinda una mayor amplitud en la comprensión del concepto de la Mikve en cuanto a que, el emerger de la Mikve es lo más similar a un proceso de renacimiento.

A la luz de este concepto, observamos que la Mikve representa el seno materno. Cuándo un individuo se introduce en la Mikve es como que se retornara al seno materno, y cuando emerge es como si volviera a nacer. Alcanza de esta forma una condición completamente nueva.

Esto es especialmente cierto en lo referido a la purificación a partir de la impureza ritual. El seno materno es un lugar que está completamente divorciado de todos los conceptos de 'Tum-a' o impureza. Un bebe se introduce en el mundo siendo completamente puro, y no existe ninguna posibilidad por la cual se pueda impurificar al niño mientras está en el seno materno. De modo que cuando un individuo se introduce en la Mikve, abandona toda la impureza y la 'Tum-a' resurgiendo como una persona nueva y purificada.

La identificación de la Mikve con la placenta se hace algo más clara por el hecho de que la Torá describe el estado más primitivo del mundo en forma de agua. En los primeros versículos de la Torá, encontramos (Génesis -Bereshit- I:2): "La tierra estaba informe y desordenada, había oscuridad en la superficie del abismo, y el espíritu de D's soplaba 'sobre la faz de las aguas'. En el segundo día de la creación, las 'aguas superiores' fueron separadas de las 'aguas inferiores'. Finalmente, en el tercer día, se reunieron las aguas para formar los mares de modo que pudiese surgir la tierra firme.

En algún sentido, el agua representa, por lo tanto, la placenta de la creación. Cuando una persona se sumerge en la Mikve, se está ubicando en el estado en donde el mundo esta todavía por nacer, sometiéndose el mismo al poder totalmente creativo de D's.

Podemos deducir esto a través de la etimología de la palabra 'Mayim', que es el término hebreo de agua. De acuerdo a varias autoridades en la materia, posee la misma raíz que la palabra 'Ma' que significa 'que'. Cuando una persona se sumerge en el agua, anula su ego y se pregunta: ¿Qué soy yo? El ego es la esencia de la transitoriedad. Cuando una persona está preparada para reemplazar su ego por una pregunta, esta también lista para renacer con su respuesta. En consecuencia, cuando Moisés y Aarón declaraban (éxodo - Shemot- 16:7): "Nosotros, ¿qué somos?", nuestros sabios comentaban que esto representaba la más grandiosa expresión posible de auto anulación y sometimiento a D's. Cuando una persona se introduce en la Mikve, somete su ego a D's, de una manera similar.

Podemos presentar esto de un modo más prosaico. Cuando una persona se introduce en el agua, se ubica en un medio ambiente en el cual no puede vivir. Si permaneciera sumergido durante un tiempo, moriría por falta de aire. De este modo, se estaría ubicando literalmente en un estado de inexistencia, de ausencia de vida. La respiración es la propia esencia de la vida, y de acuerdo con la Torá, una persona que deja de respirar, no se la considera más entre los vivos. Por esta razón, cuando uno se sumerge en la Mikve, entra momentáneamente al reino de los no vivientes, y vuelve a renacer cuando emerge de ella.

Hasta cierto punto, esto explica la razón por la cual una Mikve no se puede llevar a cabo en una bañera, tanque o tonel sino que se debe construir directamente en el terreno, puesto que en algún sentido la Mikve representa también a una tumba. Cuando una persona se sumerge, entra temporalmente al estado de los no vivientes y cuando emerge, resume con una nueva condición.

Ilustrar a la Mikve ya sea como seno materno y al mismo tiempo como tumba, no resulta ser una contradicción. Ambos son lugares en donde no se respira y son, asimismo, puntos terminales del ciclo de vida. Por cierto que es interesante hacer notar que el termino hebreo 'kever' que generalmente significa 'tumba', se emplea ocasionalmente, con el significado de 'matriz'. Ambos son puntos de transición en el ciclo nacimiento-muerte, y cuando alguien pasa a través de uno de ellos, alcanza un 'status' totalmente nuevo.

En algún sentido, el agua representa, por lo tanto, la placenta de la creación. Cuando una persona se sumerge en la Mikve, se está ubicando en el estado en donde el mundo esta todavía por nacer, sometiéndose el mismo al poder totalmente creativo de D's.

Observamos, en consecuencia, que la inmersión en la Mikve representa tanto un renovarse como un renacer.

Introducción a la Cábala

Cábala significa literalmente "tradición" o "transmisión." Se le dio ese nombre porque ha sido transferida de una generación a otra y de rabinos a estudiantes. La Cábala contiene los aspectos más profundos de la Tora, incluyendo los misterios y secretos de D-s, del hombre, y de todo el universo

En los tiempos modernos los judíos se han sentido fuertemente atraídos por la Cábala. Al entrar a algún centro de aprendizaje judío como sinagogas. Yeshivot o Kolelim, lo primero que pregunta es "¿dónde puedo estudiar la Cábala?" Muchos creen erróneamente que así podrán comprender por medio de una vía inmediata los secretos más recónditos del universo. Sin embargo, en realidad solo quien haya profundizado en los conocimientos del Talmud, el Ta"NaJ, la Halaja y otras áreas de la Tora podrá sumirse en la Cábala, y estar tanto técnica como espiritualmente preparado para ello. Por lo tanto, solo podrán acceder a los conocimientos de la Cábala los grandes sabios y eruditos de nuestra generación.

No obstante, el principiante tiene la posibilidad de analizar parte del pensamiento cabalístico. Y aunque esto es solo una pequeña fracción de la Cábala, le permitirá adquirir gran conocimiento.

Basaremos nuestra explicación en un clásico de Rabí Moshe Jaim Luzzato (destacado cabalista del siglo XVIII que vivió en Italia): Derej Hashem. El "RaMJa"L, nombre que se le da actualmente, sobre la base de las siglas de su nombre, escribió muchos libros sobre distintos niveles de cábala, desde un nivel básico hasta alcanzar niveles más complejos y sublimes. "Derej Hashem" es un libro apto para principiantes y es por ello que fundamentaremos nuestras respuestas en el.

Una de las primeras interrogantes que se plantea RaMJa"L en Derej Hashem es ¿por qué creo D's el universo? Después de todo, esta es una de las preguntas básicas que nos hacemos sobre la existencia humana y tiene una profunda influencia en todas las generaciones. Según el punto de vista judío, D's es Perfecto y no carece de nada. ¿Por que creó, entonces, el universo? ¿Qué provecho podía sacar D's de la existencia de la Tierra y del Sol? ¿Y más aun con la creación del hombre?

Según la Cábala, D's creó al mundo para otorgar Su bien a otros seres, es decir, para compartir Su bien con su creación y complacerla. Si analizamos esta afirmación en la Cábala vemos que tiene un sinnúmero de ramificaciones. La Cábala asevera que todo lo que existe en nuestro mundo es una forma de "bien", porque es para ello que fue creado el universo.

Sin embargo, al profundizar en éste concepto vemos que es muy difícil comprenderlo. Primero, ¿cómo podemos decir que todo en este mundo representa el "bien" cuando hay tanta maldad a nuestro alrededor? ¿Podemos acaso considerar a Adolfo Hitler o a Saddam Hussein como una personificación del bien? Segundo, ¿con que tipo de "bien o placer exactamente quiso D's agraciarnos? ¿A qué nos referimos al emplear el término "bien"?

En Derej Hashem, el RaMJa"L" da una respuesta exacta a estas interrogantes basándose en el pensamiento Cabalista. Sostiene que fue necesario crear el mal para que el hombre pueda tener una "libre elección" de su propio destino moral. Así puede escoger entre el bien y el mal e idear su propia realidad moral. Si solo existiese el bien en el mundo, el hombre seria un títere en mano de D's y no podría hablarse en verdad de "libre elección". Por lo tanto, es necesario el enfrentamiento con el mal para poder luego tomar decisiones conscientes.

Pero esta aseveración desencadena otra (¡créanlo o no todas estas preguntas nos llevarán finalmente a una conclusión!), "¿por qué debemos sufrir en un mundo con tanta maldad solo para permitir al hombre tener libre elección? ¿Es esto algo tan importante como para pagar un precio tan alto por poseerlo?

Aquí "RaMJa"L" nos da la posibilidad de vislumbrar la luz de la Cábala. Afirma que la libre elección ayuda al hombre a ser en cierto modo independiente, puesto que puede crear su propia realidad moral, su propio ser. Puede convertirse en un gran sabio o erudito, en una persona recta y honesta o en un criminal, bruto y corrupto. Al tener libre elección su destino estará en sus propias manos. Como el hombre disfruta de este grado de libertad e independencia, ambos tienen su propia creación. Ahora bien, ésto no significa que el hombre es D's mismo o posee sus poderes. Pero en ese solo punto ambos comparten el mismo poder: la libertad absoluta de elección y creación. En todos los demás aspectos, el hombre es radicalmente distinto a D's, y éstas diferencias aparecen enumeradas en la Cábala.

De hecho, en la Tora se especifica esta semejanza que existe entre el hombre y D's: "Y D's creó al hombre a Su imagen..." (Bereshit 1:27). Este verso alude claramente a la libre elección e independencia del hombre, porque es el único punto que comparten y, por ende, puede hablarse de "imagen de D's". Muchos han interpretado erróneamente estas palabras en el curso de nuestra historia, pero la Cábala nos revela su verdadero significado.

Al poseer estas dos características, el hombre se distingue de los otros seres de la creación.

Plantas, piedras, tierra, estrellas y nubes pueden difícilmente optar por un pensamiento libre e independiente. Incluso los animales actúan de acuerdo a su instinto, lo que para nosotros difiere de los que llamaríamos "moral". Los animales son capaces de elegir, pero no con un sentido humano consciente. No veremos nunca a un animal escribir un clásico sobre moralidad y justicia. ¡De eso estoy seguro! El hombre es el único de entre todos los seres creados que tiene el poder de discernir y escoger entre el bien y el mal.

Con esto podemos entender ahora que el mal no sería mas que una creación de D's para beneficio de la humanidad. Esto permite al hombre asemejarse a Él, es decir, ser en cierto modo libre e independiente. El párrafo bíblico siguiente expresa claramente este concepto de maldad: "Y vió D's todo lo que había hecho y he aquí que era muy bueno..." (Bereshit 1:31).

Es importante recalcar que todos los demás días de la creación son considerados "buenos", pero no "muy buenos". Esta descripción solo es válida para el día sexto, día en que fue creado el hombre. Según el gran comentarista y Cabalista "RaMJa"L esta clasificación de "muy bueno" alude a la capacidad que tiene el hombre de hacer el mal. (RaM"BaN, comentario a la Tora.)

Por lo tanto, vemos que la existencia del mal no contradice nuestra premisa inicial de que el mundo entero fue creado para conceder el bien a la humanidad. El mal es absolutamente necesario para lograr el bien porque permite al hombre ser independiente y asemejarse a D's.

Pero aún no contestamos nuestra segunda pregunta: "¿A que nos referimos con el término "bien"? ¿En qué consiste ese bien que D's quiso depararnos?

Derej Hashem nos entrega una respuesta lógica. Si D's creó al mundo para otorgar el bien al hombre, quería que este gozara del bien más sublime que se pudiese lograr. Si analizamos todos los aspectos de la creación vemos que todos carecen de algo: las plantas y los animales, de inteligencia los paisajes naturales, de movimiento e inteligencia, y el hombre, de perfección porque puede hacer el mal. Lo único realmente perfecto e integro en nuestro universo es D's. Por lo tanto, como D's deseaba conceder al hombre la mayor expresión del bien, ¿qué mayor placer que permitirle tener acceso a El?, conocerlo y establecer una relación con El, permitiéndole así vislumbrar el bien más sublime y la perfección.

Con esto logramos ahora sintetizar la explicación de "RaMJa"L" acerca de la existencia del mal en el mundo. Como se creó el universo para que el hombre disfrutara del bien más sublime y tuviese acceso a su Creador, ambos deben tener puntos en común que les permitan conocerse y estrechar su relación, del mismo modo como dos personas cuando quieren entablar una amistad. Y como el mal permite al hombre asemejarse a D's, también lo ayuda a establecer esa relación con su Creador. Por lo tanto, vemos que la existencia del mal representa una parte del bien más sublime que D's concedió al hombre cuando creo el mundo.

Basándonos en la obra cabalística Derej Hashem, les hemos explicado algunos de los conceptos básicos más profundos de la existencia humana, analizando dos grandes interrogantes: "¿Por qué D's creó el universo?" y "¿por qué existe el mal?"

De hecho en este artículo hemos permitido que un ínfimo rayo de luz de la Cábala ilumine nuestro libro. Desafortunadamente, en ningún artículo de este tipo se podrán tratar bien a fondo temas tan complejos como los que hemos presentado aquí.

Judaísmo y Deportes

Muchos somos amantes del deporte. Nos encanta el fútbol, el tenis, el esquí, la natación y en general todas las actividades físicas que existen en el mundo. Pero con el hombre moderno este amor al deporte ha adquirido una nueva dimensión: el espectador. De hecho, la gente disfruta tanto actualmente viendo como se desempernan los atletas profesionales que solo podemos hablar del deporte en términos de miles de millones de dólares. Hoy en día, un atleta profesional recibe una remuneración que asciende a millones de dólares. Hace poco, incluso, un boxeador recibió 50 millones de dólares por una noche de trabajo. No está nada de mal, ¿verdad?

Sin embargo, nos preguntamos ¿por qué el hombre moderno siente esa fascinación por el deporte, y por qué paga tanto dinero por ver jugar o desempeñarse a un atleta profesional?

Para responder a estas interrogantes debemos retroceder 200 años en la historia de la humanidad, es decir, hasta mediados del siglo XVIII. En esa época comenzó un período que los historiadores denominaron la "Era de la Razón" o "Siglo de las Luces" (El Iluminismo). El hombre comenzó a apartarse de toda religión organizada en búsqueda de metas más "racionales" como la ciencia, la filosofía y la medicina. Nació entonces el Racionalismo, filosofía que exaltaba los grandes poderes de la razón humana. De hecho, los racionalistas sostenían enfáticamente que si el hombre moderno seguida el dictamen de su razón y de su intelecto, se solucionarían todos los problemas del mundo. El mayor triunfo de los racionalistas fue la Revolución Francesa, es decir, su victoria sobre toda religión organizada. Ya a fines del siglo XVIII el Racionalismo era la tendencia de pensamiento intelectual más aceptada y se consideraba toda filosofía religiosa como retrograda y anticuada.

Sin embargo, a principios del siglo XIX, surgió un nuevo movimiento que desafiaba a los racionalistas, el "Romanticismo". En él se incluían todas aquellas almas valientes como Lord Byron, Shelley, Keats, Thoreau y los demás adherentes a esta corriente de pensamiento, que se atrevieron a rebelarse contra el dominio de los racionalistas. Los romancistas no aceptaban limitar el pensamiento a un racionalismo puro y les gustaba partir al campo a meditar sobre la naturaleza, la belleza y la complejidad de las emociones humanas. Era un grupo poético y artístico de "grandes almas" y el Racionalismo era demasiado frío y práctico para poder colmar sus anhelos creativos. Nos preguntamos obviamente por que se rebelaron los romancistas. ¿Que faltaba en la cultura racionalista que los obligo a rebelarse? Pero en verdad, nos interesa sobre todo saber ¿qué relación hay entre esto y nuestro título "Judaísmo y Deportes"?

Primero debemos saber y comprender que todo ser humano tiene necesidades psicológicas básicas que debe satisfacer para poder vivir en paz y satisfecho con su vida:

1) Tener un propósito en la vida
2) Establecer y defender valores morales.
3) Ser capaz de trascender la existencia diaria, rutinaria, aburrida y experimentar algo mucho más elevado que nos haga sentir un temor reverente.
4) Pertenecer a una comunidad.

Si analizamos detalladamente estas cuatro necesidades básicas, vemos que son componentes esenciales de la existencia humana. Por ejemplo, si una persona no tiene algún propósito en su vida, ¿por qué tendría que despertarse en la mañana? ¿Solo para existir un día más? ¡Esto es absurdo! Ahora bien, si una persona no logra salirse de su rutina diaria -comer, dormir y trabajar- tendrá una vida terriblemente aburrida. Y si no pertenece a una comunidad o no tiene valores morales que rijan su vida, sería como un barco perdido en el mar, porque estos le permiten tener una cierta identidad, saber quién es y hacia dónde va en su vida. Estas cuatro necesidades psicológicas ayudan a la gente a vivir mejor, a llevar una forma de vida más adecuada.

Antes de que surgiera el Racionalismo, la humanidad buscaba satisfacer estas necesidades en la religión organizada. Toda religión proporcionaba al hombre un cierto propósito en la vida, y en el caso del judaísmo, este está claramente delineado: el hombre debe servir a D's y hacer del mundo un lugar mejor para vivir. También le entrega profundos valores morales, por tener conceptos bastante claros del bien y del mal. Muchas, incluso, cuentan con sistemas legales que ayudan a orientar al individuo. Además, a través de la religión el ser humano puede trascender su mísera existencia mundana. La mayoría de las religiones ofrecen algún tipo de interacción con D's mismo, y esto podría describirse como la experiencia trascendental "más sublime". Finalmente, vemos que la religión inculca al hombre un fuerte sentido de comunidad que lo ayuda a reforzar su identidad.

Por lo tanto, cuando al aparecer el racionalismo el famoso grupo de "philosophes" (filósofos) encabezado por Voltaire, Diderot y d'Halbach declaro que "D's ha muerto", el hombre cayó en una gran confusión psicológica. Como este nuevo hombre "iluminado" renegaba de D's y la religión, no podía satisfacer en ellos sus cuatro necesidades básicas. Con esa carencia de sustento psicológico, se torno mucho más susceptible a caer en una depresión y tristeza que su predecesor religioso.

Es entonces en ese momento que los romancistas, llevados por Byron, Shelley y Thoreau -todos grandes escritores y poetas- comenzaron a "rebelarse" contra los racionalistas. Intentaban en cierto modo "reconstruir la religión" sin D's. Su creatividad les permitía darse cuenta de que había un propósito y valores morales en la vida. Se refugiaban en la naturaleza y el campo para intentar recobrar esa experiencia trascendental que sus antepasados habían logrado mediante la oración a D's. Y al crear una comunidad de "romancistas" adquirieron un fuerte sentido de identidad de grupo. Está claro que los romancistas trataron de obtener todos los beneficios de la religión, pero sin la existencia de D's.

EL HOMBRE MODERNO COMO DESCENDIENTE DE LOS ROMANCISTAS

Si analizamos un poco la humanidad hoy en día vemos que el hombre moderno se asemeja en muchos aspectos a estos románticos del siglo XIX. Busca constantemente reconstruir la religión sin D's y satisfacer sus cuatro instintos psicológicos. Como el racionalismo puro no colma sus necesidades más profundas, prueba otras actividades que le permitan lograr su meta sin recurrir a la religión ni a D's.

Dentro de este contexto histórico comprendemos mejor por que el hombre se fascina viendo practicar el deporte profesional. Al ser espectador se refuerza su sentido de comunidad y se produce una cierta fraternidad con los otros hinchas del mismo equipo. Como muchos van hoy en día muy rara vez a sus templos de devoción, no podrán encontrar en la religión ese sentimiento de comunidad que tanto anhelan.

El ser espectador le ayuda a afianzar sus valores morales. La gente siempre prefiere a los atletas no tan bien dotados físicamente, que no sean los favoritos, pero que trabajen duro, aquellos que son flojos y demasiado confiados son rechazados por el público aunque sean excelentes. Refuerza sus valores morales dando su apoyo a los atletas más humildes y empeñosos. Además, al apoyar a un solo equipo o individuo, se produce una clara "lucha" entre el bien y el mal. Su equipo representa el "bien" o "justicia" mientras que el adversario personifica el "mal" o "injusticia". Es por ello que el hombre moderno recurre a veces a la violencia para defender a su equipo. Esta necesidad de afianzar sus valores morales es extremadamente profunda debido a que no tiene una posición establecida al respecto. Los filósofos modernos como Durkheim, Fromm y Camus han atribuido la tristeza del hombre actual a su timidez para emitir juicios morales. Al no tener una clara estructura moral, el hombre moderno debe presenciar actos deportivos para lograr esclarecer sus valores morales y paliar el dolor de la incertidumbre que siente tantas veces.

Pero esto sobre todo le permite lograr esa experiencia trascendental que sus antepasados congestión mediante la religión.

Generalmente los juegos deportivos se realizan frente a grandes multitudes de entre 60.000 y 100.000 personas. Este "mar de gente" que grita y clama con gran exaltación logra una verdadera experiencia trascendental que los saca de su "mísera" vida mundana. Muchos se quejan que se sienten "insignificantes" y por ello, al tomar parte en esta muchedumbre mitigan esa carencia psicológica. Además, es muy agradable estéticamente presenciar un acto deportivo, el hermoso césped verde, los coloridos trajes de los atletas, la estructura simétrica de los campos de juego y la belleza de los estadios donde se juegan los partidos contribuyen a satisfacer ese anhelo estético de trascendencia tan ausente en la sociedad moderna. Como el hombre actual no tiene ninguna interacción con D's, El presenciar un acto deportivo lo ayuda a alcanzar esa meta.

Creo también que esa fascinación que siente el hombre actual hacia los músicos y cantantes de rock proviene de ese mismo deseo de satisfacer sus cuatro necesidades psicológicas. El ambiente que se crea en un concierto de rock es muy similar al de un evento deportivo. Hay una multitud exaltada, Hermosos trajes, un sentido estético, música fuerte y potente, un gran sentido de comunidad o "pertenencia" y un sentido de identidad y auto imagen que se logra al apoyar a los artistas que están actuando en ese momento. Vemos entonces que la popularidad de los conciertos de rock se debe también en gran parte a un intento del hombre por reconstruir una "religión sin D's".

Esto nos explica porque tanto los deportistas profesionales como los cantantes de rock reciben sueldos extraordinarios. Ayudan a la humanidad a satisfacer sus necesidades psicológicas básicas y la gente está dispuesta a pagar cualquier cantidad de dinero para disfrutar de esa experiencia. Quizás ahora podrán comprender mejor uno de los fenómenos más extraños de la sociedad moderna. Antes de la Era del Racionalismo, la gente solía dar dinero a las instituciones religiosas porque la religión les permitía alcanzar sus metas. Pero al apartarse de D's, el hombre también ha llevado su apoyo financiero hacia otras vías.

Sin embargo, a pesar de los esfuerzos del hombre por reconstruir "una religión sin D's", parece haber actualmente un nuevo auge religioso después de estos 200 años de decadencia. El hombre moderno está descubriendo quizás que no lograra jamás sus verdaderos propósitos siendo espectador de eventos deportivos o conciertos de rock. Estas actividades solo le proporcionan un alivio temporal, sigue apartado de su verdadera existencia y no ha encontrado la satisfacción tan deseada. Los sofás de los psicólogos están más llenos que nunca y el deporte y la música no parecen ser una buena cura. De hecho, el judaísmo está experimentando un auge sin paralelo en estos últimos 200 años de historia.

Existe una relación entre el judaísmo y esta tendencia a ser espectador de eventos deportivos? Creo que si. No obstante, no debemos olvidar que el hombre no puede construir una "religión sin D's, pero ha fracasado, y solo ahora se esta dando cuenta que debe retornar a la sinagoga donde pertenece. Quizás se esté cerrando "el circulo de la humanidad" y esta vuelva a la fuente misma de su existencia. Estamos viviendo un período realmente interesante de la historia humana y solo el tiempo podrá darnos el veredicto final.

La Mitzva y
El Sentido de la Vida

El 10 de Tishre del año 2449, Moshe descendió del monte Sinai con las Tablas de la Ley. Ellas representaban el regalo más preciado de D-s hacia Su pueblo y la culminación del pacto eterno entre el Creador y los hijos de Israel, depositarios en Su Tora.

Rabenu Moshe ben Maimon-RaMBaM- en el punto 9 de sus Trece principios de la Fe afirma: "Yo creo con fe absoluta que esta Tora no será cambiada jamás, y que no habrá otra Tora del Creador, bendito sea Su Nombre."

Rabí Sa'adia Gaon dijo: "En 'umatenu 'uma ela beTorata", que se traduce como "Nuestro pueblo no es una nación sino por su Tora."

Así como éstas, existen innumerables citas de nuestros Sabios en el mismo sentido.

Nuestra Tora contiene las 613 mitzvot o preceptos de origen divino que debemos cumplir durante nuestra existencia. De esta manera nuestro pueblo recibió un sistema estructurado que define claramente lo que es el bien y lo que es el mal. Al bien se le denomina la Mitzva, es decir, todo aquello que va en el sentido de la creación, en el sentido del propósito del Creador. El mal es definido como la Avera, es decir aquello que marcha contra el propósito de la Creación. De tal modo que nuestro pueblo posee una noción objetiva de bien y mal que trasciende a los sentimientos o pareceres humanos temporales y que tiene como referencia un concepto inmutable contenido en nuestra Tora. Incluso un gentil como

P.J. Sartre afirmo, "Es imposible formar una moral sin metafísica, y la moral judía es el mejor ejemplo de ello."

En el mundo secular, en cambio, los criterios de bien y mal son algo distintos. El mal es definido como la presencia de dolor o la imposibilidad de alcanzar el bienestar. A partir de esta definición, estamos obligados a cambiar de criterio según la idea que tengamos de bien o mal. Es así como hace diez años el aborto era considerado como un delito en la mayoría de los países europeos, en cambio hoy en día el aborto es reembolsado por la seguridad social en dicho países. Es decir, lo que antes era malo hoy es considerado como bueno, y así la moral del mundo no religioso va pasando de una concepción a otra, muchas veces antagónicas entre si. Eso significa que lo que ayer era verdadero, hoy ya no lo es.

En el mundo judío, en cambio, ocurre lo contrario. El primero de los diez mandamientos contenidos en la Tora dice:

"Yo soy el Eterno, tu D-s, que te saque de la tierra de Egipto, de la casa de la esclavitud."

Lo que vemos aquí es que D-s se introduce así mismo no solo como el Creador del Universo, sino como aquel que rescata a un pueblo de una condición desfavorable, con el fin que cumpla un propósito especifico en el orden de la Creación, como es la aceptación de la Tora con todos sus preceptos.

A partir de este momento, todas las interrogantes comienzan a encontrar sus respuestas.

La esencia de D-s es infinita y absolutamente impenetrable e incomprensible para la mente humana. Sin embargo, en medio de nuestras limitaciones podemos acercarnos a Él a través de Su Voluntad.

D-s es la verdadera perfección, libre de toda deficiencia y no hay perfección comparable a la Suya. D-s en Si contiene y representa el único bien real. De tal modo que el mayor bien a que puede acceder la creación es la proximidad al Creador. No puede haber mayor bienestar y placer que el de aquel que alcanza la unidad con el Creador.

El medio a través el cual el hombre alcanza el bien para el que fue creado es la observancia de los mandamientos.

El judaísmo otorga una trascendencia enorme al acto. Descartes dijo: "Pienso, luego existo." La Tora dice que esto no es suficiente.

Existen tres niveles: El pensamiento, la palabra y la acción. El hecho de pensar algo no quiere decir que esta idea haya sido integrada a mi ser. Cuando expreso a través de la palabra es un grado mayor de identificación, pero solo cuando la traduzco en un acto he construido algo objetivo. Mientras permanece en mi pensamiento no es sino una reflexión y una reflexión no compromete en nada a la persona que ha reflexionado. Pero a partir del momento que ejecuto una acción ha dejado de ser solo una reflexión y comienzo a ser identificado por mi manera de actuar. He construido algo objetivo.

Cada acto humano tiene, además, una trascendencia espiritual. Cada acción que realizamos pasa a ser el instrumento a través del cual alcanzamos la unidad con el Creador, que es la mayor recompensa a que podemos aspirar.

D-s es infinitamente superior al hombre y sería prácticamente imposible para este lograr la unidad con el

Creador. Sin embargo, las Mitzvot representan la Voluntad de D-s y, como sabemos, D-s contiene todo, pero nada lo contiene. De tal modo resulta que D-s y su Voluntad son uno solo. A partir del momento que una persona cumple un mandamiento su alma se une a la Voluntad Divina y, en consecuencia, a D-s. El alma esta unido a un cuerpo físico, que esta realizando un mandamiento y, al mismo tiempo, el mandamiento representa la Voluntad Divina. De tal modo que al realizar un mandamiento el alma entera entra en relación con D-s.

Es así como la Tora nos dice en la Parasha de "Nitzavim" (Devarim - Deuteronomio- XXX, 15): "He aquí que He puesto hoy delante de ti la vida y el bien (la mitzva), la muerte y el mal (la avera), por cuanto Yo te ordeno hoy amar al Eterno tu D-s, andar en Sus caminos, y cuidar Sus mandamientos, Sus preceptos y Sus juicios". Y más adelante continua la Tora diciendo: "Tu escogerás la vida para que vivas tú y tu simiente, para amar al Eterno tu D-s, para escuchar Su Voz, y para adherirte a Él, pues Él es tu vida y la prolongación de tus días".

Si analizamos la forma en que están escritos estos párrafos de la Tora, nos damos cuenta que no se trata de un consejo. Aquí D-s mismo se compromete y expresa Su Voluntad, y esta voluntad es que elijamos "la vida", es decir, el camino de la Mitzva. No importa que este camino aparente ser mas difícil, D-s, aquel que expreso Su Voluntad de crear el universo, nos está expresando nuevamente Su Voluntad y esta es que marchemos en Sus caminos.

La Tora dice: "Santos seréis, porque Santo soy YO". Es decir, el hombre fue creado para alcanzar el infinito. La "Neshama" (el alma) que poseo, y que puedo traducir como mi voluntad, no es sino la expresión de la Voluntad del Creador.

En hebreo, los objetos han sido creados por el lenguaje, a diferencia del resto de los idiomas donde simplemente los objetos han sido solamente designados por el lenguaje. "Neshama", en hebreo, posee las mismas letras de "Shemen", lo que se traduce como óleo, aceite o esencia. La esencia de algo puede escribirse en hebreo como "She Min", "lo que viene de". La Neshama, entonces, es lo que viene de D-s, es la expresión de esa Voluntad y el hombre tiene la posibilidad de ser la expresión de la Voluntad de D-s.

Aquí, para poder avanzar, tenemos que volver a los conceptos de "comienzo" e "infinito".

La palabra "hombre" se escribe en hebreo "Ish". La palabra "Ish" tiene la misma raíz hebrea que la palabra "Yesh", la cual puede traducirse como "Ser" o como "Tener". Nuestro Jajamim - Sabios- dicen que a la voluntad de "Ser" la llamamos el "Yetzer Ha Tov", es decir, el buen deseo. A la voluntad de "Tener", la llamamos el "Yetzer HaRa", lo que se traduce como el mal deseo. A partir del momento en que este deseo ha sido expresado como nuestra elección, hemos adquirido nuestra independencia, independencia para querer "Ser" o para querer "Tener". Quien solo quiere o necesita recibir, es aquel que es dependiente, es aquel que necesita ser alimentado, es aquel que necesita "Tener" y esto no puede sino representar solo el comienzo, es decir, la dependencia. Mientras que aquel que adquiere la verdadera independencia es aquel que elige el "Ser", que elige el construirse y construir en el camino de las mitzvot independientemente de las condiciones del medio, es decir, es aquel que ha sometido el "Tener" al "Ser". Es aquel que construye y adquiere el lenguaje del Creador que no es otro que el lenguaje de las mitzvot, para participar en ese dialogo infinito con D-s, que es quien le ha dado un sentido y un propósito a cada acto de nuestra existencia.

Y aquí volvemos nuevamente al problema del "dolor" y del bienestar con que iniciamos este artículo. El problema del "dolor" es el problema del "tener" sin llegar a "ser". Es la angustia de un hombre que no es capaz de vivir la eternidad, que no vive el "ser". Cuando estamos reducidos solamente al "tener", entonces viene la depresión. El "dolor" del dolor es la depresión, es la soledad, es la eternidad que sufre, porque en lugar de partir en el sentido del infinito volvemos hacia el comienzo, hacia la dependencia de lo material, y esto es lo que nuestros sabios llaman el "Ra", el mal, es decir, todo aquello que nos aleja del crecimiento espiritual y que en ultimo termino nos impedirá alcanzar la proximidad con D-s que es el mayor de los bienes al que puede aspirar la creación.

Quiera el Todopoderoso que seamos capaces de marchar en Sus caminos (Sus mitzvot), de despertar de nuestro letargo espiritual para comenzar a crecer hacia el infinito y llegar a contemplar la Presencia Divina, en ese dialogo eterno destinado para aquellos cuyas almas estén imbuidas del conocimiento del Creador.

Bajo las Alas de la Shejina

Al entrar en la de las afueras de Ramat Hamagshimim, en las alturas del Golán, te encuentras con Danny, inclinado sobre los libros, al igual que todos los demás. Su rostro trasluce un aire de nobleza y refleja cierto placer secreto. Si le haces una pregunta, recibirás una respuesta cortés; si se sienta a tu lado para dialogar, te impresionará al descubrir su personalidad, el amplio espectro que abarca su conocimiento y la profundidad de sus pensamientos. Pero si deseas oír sobre la vida de Danny -su entorno personal y su paso al judaísmo- deberás sorprenderlo en el momento preciso. Si eres afortunado te espera una fascinante historia.

Danny se convirtió en el verano de 1973. Los procedimientos para su conversión fueron concluidos por el Tribunal Rabínico de París, y de esta manera le nació un nuevo hijo al pueblo judío. Pero no ha sido un nacimiento fácil. Los dolores y las complicaciones fueron muchas. Cuando salió de las aguas de la Mikve convertido en todo un judío, Danny recogió los frutos de más de dos años de profundo estudio.

¿Cómo fue que se convirtió? Danny no era un niño común. Dotado de una inteligencia superior y una personalidad fuerte y poco usual, era un terreno fértil del cual se podía esperar que rindiese una buena cosecha. Aún siendo niño siempre sintió la necesidad de tener un propósito en la vida. La atmósfera de la casa paterna fomentó esta cualidad. Aunque católica de nacimiento, era la clase de familias que uno podría catalogar como creyentes no activos, o sea que no estaban afiliados a ninguna iglesia en particular. Y no sólo esto sino que les brindaban a sus hijos una completa libertad para que siguieran los dictados de su propia conciencia y adoptaran el credo que hubieren elegido - o ninguno.

Danny era relativamente joven cuando se interesó por primera vez en la historia de la religión. Como también le gustaban los idiomas se le ocurrió estudiar hebreo. Una idea extraña y poco práctica, ya que es un idioma que no tiene ninguna conexión con el suyo y se utiliza sólo en un pequeño país del mundo. Pero aún así, Danny se lo comentó a sus padres. Siguiendo su política de "no interferir", estuvieron de acuerdo. "Quizás nunca esperaron que me mantuviera firme o que lo tomara en serio", explica Danny.

Su conocimiento del hebreo lo ayudó a tomar el camino hacia el judaísmo. Se le abrieron las puertas de acceso a la vasta bibliografía bíblica, talmúdica y rabínica. Los mismos textos que leyó al principio con el propósito de aprender el idioma lo acercaron al pensamiento judío. Shabbat, Pésaj, Succot, Shofar -estas y otras muchas palabras trajeron consigo nuevas ideas.

Aprendió sobre los Tefilín, la Mezuzá, y el Séfer Torá, nuevos conceptos y nuevos pensamientos, que condujeron a Danny hacia el camino del judaísmo con creciente ímpetu. A los quince años ya dedicaba todo su tiempo a la investigación sobre las profundidades del pensamiento y práctica judíos. Leía la Biblia, estudiaba la estructura y los contenidos de las plegarias del Sidur que había encontrado, y se afanaba para ver más y más del extraño nuevo mundo que gradualmente se revelaba ante él.

El conocimiento de dos o tres Mitzvot y los conceptos judíos básicos obligaron a Danny a buscar a alguien que realmente viviera como judío. Aunque en su propia ciudad, Toulouse, había una comunidad judía, no conocía a ninguno de sus miembros. Pero esto no era un obstáculo.

Un viernes por la tarde Danny faltó a sus clases, se lavó y vistió cuidadosamente, y se dirigió a la sinagoga sefaradí de Toulouse.

A medida que caminaba por las calles, un cúmulo de pensamientos cruzaba por su mente. Recordó ciertas historias hebreas que había leído y las grandes personalidades judías que había encontrado en sus libros:

Moisés, a quien imaginaba como el Maestro de las Tablas de la Ley en sus manos y la palabra de D's en sus labios; Matitiahu, cuya voz podía oír en las calles de Toulouse gritando:"¡Quienquiera que esté con D's que me siga!" Pero la figura que más destacaba en su mente era la de Abraham el Hebreo, el "trasplantado". No aquel canoso y anciano Abraham que conocía todas las Mitzvot y las cumplía fielmente, sino el joven Abram, que había encontrado la verdad y la había reconocido como tal, que había destruido los ídolos de su padre y la cultura pervertida que lo rodeaba. Se imaginaba al joven Abram parándose intrépido ante Nimrod aún cuando fuera sentenciado a morir quemado.

El mismo Abram que se convirtió en "el padre de una multitud de pueblos" (Bereshit XVII, 5) acompañaba a Danny en su camino hacia una sinagoga judía por primera vez en su vida.

Recordaba las conversaciones con sus compañeros quienes descubrieron su inusual "pasatiempo". Aunque siempre había estudiado por su propio bien - sin tratar de influir en amigos o compañeros de clase- los curas locales que actuaban en su escuela habían objetado duramente su creciente interés por el judaísmo (hasta el día de hoy no puede erradicar el recuerdo de las calumnias que lanzaron en su contra los eclesiásticos encargados de influenciar a su clase y compañeros). Pensaba en Abram, solo contra toda una generación, y recuperaba sus fuerzas. Aún así, cuando Danny vio la sinagoga cerca, su confianza se desmoronó. Las dudas y los temores comenzaron a surgir.

Lo peor era el sentimiento de alienación que experimentó mientras examinaba a la multitud en busca de un rostro familiar -sólo uno, cualquiera- a quien plantearle sus interrogantes.

"¿Qué pasa contigo, Danny?" se preguntaba. "¿¡Olvidaste el proverbio que dice: el que no pregunta no aprende!?"

Con este pensamiento entró a la sinagoga y vio el santuario delante de él. Era justo la hora del ocaso del viernes. Los judíos de Toulouse se habían reunido para recitar al unísono los versículos tradicionales de Shir Hashirim (Cantar de los Cantares), del Rey Salomón.

"Muchas aguas no pueden apagar el amor" (VII,7). Existe una relación especial entre D's y el pueblo judío. "¡Si un hombre diera todos los haberes de su casa por el amor, de cierto le despreciarían! (VIII, 8). Es un amor que no se compra a ningún precio. D's dijo:"¡Hijos míos! Erigid un santuario con cortinados para Mí, y descenderé y moraré entre vosotros" (Shemot Rabá XLIX,1). Cortinados simples y económicos; sin embargo, llevan el nombre de D's y cubren Su santuario. Su esplendor consistía en eso.

Durante esos "minutos judíos" Danny se paró calladamente a la puerta de la sinagoga, como esperando ser invitado a unirse a la congregación para dar la bienvenida a la reina Shabbat. Uno de los presentes se le acercó y le preguntó qué quería. Danny le explicó, aceptó una Kipá y se la puso. Las plegarias no duraron mucho. Danny se paró al lado de su anfitrión y bebió cada palabra de la explicación que éste le daba. Luego el Adón 'Olam y el servicio religioso terminó.

Danny abandonó el lugar con los demás.

"Esa primera visita a una sinagoga fue como un sueño", recuerda Danny. "Salí de allí con la firme determinación de regresar. Era un momento decisivo para mí. Ese viernes di un gran paso en mi camino hacia la conversión". Desde ese momento dedicó el doble de tiempo y de esfuerzo a su estudio sobre el judaísmo, el idioma hebreo y la historia judía, guiado por una inamovible resolución de descubrir los principios básicos de la fe judía y sus preceptos. Desviaba su camino para encontrarse con judíos y pasar su tiempo con ellos. Se dirigió al gran Rabino de Toulouse, quien lo recibió amigablemente y lo ayudó en su decisión de aprender más y más.

Danny llegó a la conclusión de que Balfour había estado en lo cierto cuando dijo que la posición de los judíos es única, ya que son una religión, un pueblo, una nación como no existe otra igual.

A esta perceptiva conclusión había arribado nada menos que un profundo pensador de origen gentil. Danny también se dio cuenta de la centralidad de Tierra Santa en una etapa relativamente temprana de su desarrollo como judío. Esta toma de conciencia de que los judíos son más una nación que una religión llevó a Danny a investigar grupos juveniles sionistas tales como Deror y Bené 'Akivá. Especialmente lo entusiasmaba el concepto judío de Shabbat. Los sábados los dedicaba al estudio y a la investigación. Aprendió las leyes referentes al Shabbat de acuerdo con las normas establecidas en el Shulján 'Aruj. "Sabía que la Halajá no permitía a un gentil observar completamente el Shabbat. Como aún no me había convertido, estaba obligado a llevar a cabo al menos "un acto prohibido" -o sea prohibido para un judío- cada sábado.

"Así lo hice, pero siempre con sentimientos encontrados. Cuán extraño me parecía no observar el Shabbat para cumplir con la Ley. Estaba guardando ese día para acercarme a mi meta de convertirme en judío, pero al mismo tiempo estaba obligado a mostrar por ese sólo acto de no-observancia que aún no era judío. Sentía que observar el Shabbat era una Mitzvá que sólo los judíos tienen derecho a cumplir. Un extraño no lo puede compartir".

Los lazos espirituales que unían a Danny con el judaísmo continuaron estrechándose. Sus compañeros notaban que faltaba mucho: los viernes salía del colegio temprano; cada sábado su banco estaba vacío; cada vez que había una festividad judía se quedaba en casa. Eventualmente fue expulsado del colegio. Aún así, la maestra agregó un comentario especial en su decimoprimero informe, alabando su determinación y resolución, y destacando su progreso académico durante el año.

"Mis padres no se sorprendieron mucho al oír que quería convertirme en judío. La posibilidad de mi conversión ya se había mencionado y en principio no tenían objeción alguna. Su único pedido fue que considerara mi decisión en toda su magnitud. Me instaron a que pesara cuidadosamente cada aspecto de mi deseo antes de convertirme. Estuve completamente de acuerdo, de modo que pasé largas horas estudiando diversos tomos acerca de filosofías religiosas. Escudriñé los credos del Islam y del Cristianismo. Todos los días me preguntaba si realmente quería ser judío de todo corazón. Contemplé, reflexioné y examiné mis sentimientos; finalmente llegué a la misma conclusión. Cuando por último resolví actuar según mis convicciones, se lo hice saber a mis padres y me apoyaron en el camino elegido. Agradezco al Cielo haber tenido el privilegio de llevar a cabo mi decisión.

Milá, Tevilá y Mitzvot. Cada paso tenía un significado muy particular para mí: Milá ("circuncisión"), era la participación en los sufrimientos históricos y el derramamiento de sangre del pueblo judío; Tevilá ("inmersión ritual") era la renovación perpetua y el renacer de la esperanza que ha acompañado al pueblo judío desde el Sinaí hasta nuestros días, y lo seguirá haciendo hasta que se complete su redención; Mitzvot ("preceptos") eran la vía que debía recorrer el pueblo judío, cuya vida está orientada por las leyes de la sagrada Torá. Uní así al pueblo judío al deleite infinito que sentía mi corazón".

Danny habla también sobre los temas religiosos que debate con su padre en Francia. Ha descubierto que su progenitor cree firmemente en el Creador. Danny recibe mucho estímulo de la continua correspondencia que tiene con su padre, sobre todo por su mentalidad abierta con respecto de la filosofía e ideales religiosos.

"Es difícil señalar una sola Mitzvá que me haya atraído más que otra hacia el judaísmo. Cada Mitzvá tiene una importancia especial como un precepto pronunciado por D's. Cuando uno contempla las Mitzvot en profundidad, encuentra magníficos ideales en ellas".

Para Danny, la unicidad y la grandeza del judaísmo estriban en el modo en que el sistema de Mitzvot abre el camino de las potencialidades humanas hacia la meta de servir a D's. Las Mitzvot afectan cada faceta y cada etapa de la vida del judaísmo. No existe un instante en la vida de una persona que no se centre en la voluntad del Creador ni parte alguna de su cuerpo que no pueda servir a su Hacedor. Esto se relaciona con el hecho que el número total de preceptos positivos (248) es idéntico a la suma total de órganos del cuerpo humano. De igual manera, la suma de preceptos negativos, o prohibiciones (365), es igual al número de tendones del organismo.

Algunas Mitzvot no requieren acto físico alguno, sino un despertar del corazón. Aún las actividades personales tales como comer, beber, incluyendo el recitado de una bendición en señal de agradecimiento hacia el Creador y Su benevolencia, para que no nos sintamos libres de hacer a un lado el sendero de la Torá y las Mitzvot ni siquiera por un instante. Esta es, de por sí, una faceta de la Mitzva que implica la toma de conciencia de la unicidad del Creador. El universo es una unidad y "Su soberanía reina sobre todas las cosas". Si actuamos, pensamos o sentimos siquiera por un momento que hay otro propósito en la vida, hemos fracasado en reconocer la absoluta jurisdicción de D's en ese preciso instante; no cumplimos con las Mitzvot de "Adjut HaShem" - la unidad de D's que todo lo abarca; hemos infringido la prohibición que aparece en los Diez Mandamiento: "No tendrás otros dioses delante de Mí" (Shemot XX, 3).

Danny cuenta su historia con voz calma, con una envidiable serenidad y auto-convencimiento. Sólo necesita nuestra ayuda para embellecer una idea en hebreo. La paz interior que subyace a sus palabras, el brillo de sus rasgos, la calidez de su mirada transporta al oyente a los lugares más recónditos de su corazón y su alma. "No menos esencial que la nobleza de pensamiento es la consistencia de su ejecución". Rastrea la historia de la devoción judía por las Mitzvot, los sacrificios hechos a través de generaciones por cada acto de observancia de la Torá"... con toda tu alma y con toda tu fuerza... "Miles de años sin cejar ni desviarse del camino.

Seiscientas trece Mitzvot fueron entregadas en el Sinaí, las mismas Seiscientas trece que seguimos observando actualmente. Cuatro mil años después Danny está de acuerdo con que eso "no es nada fácil". "Es una meta que lleva a la perfección religiosa".

De repente se oye el ulular de una sirena, ¿Acaso los sirios están por bombardear el puesto de avanzada del Golán? Todo se detiene. "¡A los refugios!" Los estudiantes de la Yeshibá entran en sus refugios de concreto y continúan sus estudios bajo la tierra. Allí, cerca de la puerta, Danny se inclina sobre sus libros. Se ve tan calmo como siempre a pesar del peligro. Admite las ocasionales angustias producto de la ansiedad, pero no del miedo. "Algunas veces medito sobre ello -cómo me convertí en judío-y es en esos momentos cuando empiezo a sentirme ansioso. "¿Qué habría sido de mí si no me hubiera convertido...?"

Confección y Aparejo del Séfer Tora

EL ROLLO DE LA TORA APTO

El rollo de la Torá apto (Kasher) para la lectura pública, debe ser preparado según las normas y disposiciones que rigen desde la época de Moshé, quien recibió la Torá en el Sinaí.

El rollo de la Torá será escrito sólo sobre un pergamino de cuero de animal o bestia puros, cuyas carnes son comestiblemente permitidos para los israelitas; debiendo ser elaborado expresamente para pergamino de Séfer Torá.

Para la escritura se usará solamente tinta negra, preparada por los escribas de acuerdo con los métodos que ellos conocen. Tal como lo escribe la "Halajá" los escribas acostumbran utilizar como pluma la de un ave pura, permitida comestiblemente, o una varilla de caña afilada y adaptada para este fin.

El Sofer (escriba) dispone folios de pergamino aptos de un ancho igual, sobre los cuales marca los lugares donde escribirá las páginas o columnas de la Torá. Cada folio contendrá no menos de tres columnas ni tampoco más de ocho. Al comienzo de cada hoja deberá dejar un margen vacío de la medida de tres dedos previa la iniciación de la primera línea de la columna; y al final de la hoja un margen de cuatro dedos. Entre las columnas se deja un espacio vacío de dos dedos.

Estos límites deberá delinear el escriba sobre el pergamino con un objeto filoso (ni con grafito, ni con lápiz) y con una regla. También las líneas de las columnas deberán ser trazadas de ese mismo modo, de manera que al escribir, todas las líneas queden derechas y paralelas, pues las cabezas de las letras tocarán las líneas indicadas (contrariamente al modo como nosotros escribimos por sobre las líneas marcadas en el cuaderno).

Los bordes de cada folio se coserán al del folio subsiguiente con hilos hechos de venas de un animal de las especies comestibles permitidas a nosotros.

Es considerado elegante y símbolo de perfección que el Rollo tenga su circunferencia igual a su largo, de tal modo que una vez finalizada su escritura y enrollado, si lo rodeamos con un hilo, la medida de ese hilo sea igual a la medida del largo del pergamino, tomado desde arriba hasta abajo. Para conseguir esto se debe calcular el tamaño de las letras y el número de líneas de cada página en función del espesor del pergamino y del ancho de los folios.

LA ESCRITURA DEL SÉFER

El rollo deberá ser escrito con el claro propósito de consagrarlo y transformarlo en un objeto de santidad. Por eso el escriba dirá antes de comenzar la tarea de escribir: "Voy a escribir con el propósito de consagrar el Séfer Torá". Así también cualquiera que quiera escribir aunque más no sea una sola letra, o arreglar una letra, deberá hacerlo constar claramente.

Mucho mayor aún es la santidad de los Nombres Santos que figuran en el Séfer Torá, los cuales deberán ser escritos con pureza y elevación a fin de consagrarlos a la Santidad del Nombre de D's. Cuando el escriba está procediendo a la copia del Nombre de D's, no está autorizado a interrumpir este acto ni siquiera para corresponder al saludo de un rey judío.

No escribirá de memoria, sino que el escriba lo copiará de un texto escrito, leyendo previamente para sí la palabra o las palabras que se propone transcribir. El texto del cual copia no debe figurar precisamente en un Séfer Torá escrito en pergamino, puede ser también un simple Pentateuco impreso, con la única condición que contenga un texto fiel y preciso. O bien puede ser un libro especial para los escribas denominado "Tikún Soferim"

También los libros de la Torá impresos que tenemos en uso en la actualidad fueron copiados de libros más antiguos que fueron asimismo copiados de otros más antiguos aún - que datan de la época de la invención de la imprenta, más de quinientos años atrás, los cuales fueron copiados de manuscritos transcriptos de otros manuscritos más remotos-remontándose así en la historia. De modo que cualquier rollo de la Torá que está en nuestras manos es una trascripción fiel de una copia de otra copia que fue originalmente transcrita del Séfer Torá que escribiera el mismo Moshé, nuestro maestro.

Por ese motivo se designa un escriba entendido en Torá, y al mismo tiempo temeroso del Señor, que sabe todo lo que tiene que hacer para que la escritura sea apta y a su vez elegante, y que además sea cuidadoso en la práctica de este trabajo, que es un arte divino.

Todo aquel que se apresta a escribir o a reparar una letra en el Séfer Torá, aunque sea una simple modificación, deberá disponer su corazón consagrado al Creador, y realizar su labor por el sólo interés de cumplir con un mandamiento divino, y por la santidad, y en nombre de todo el pueblo de Israel.

Afirmaron los interpretadores de las alusiones: las letras de la palabra ISRAEL forman las abreviaturas de: "Hay seiscientas mil letras en la Torá", siendo esta cifra (600.000) la cantidad de los hijos de Israel que salieron de Egipto y estuvieron presentes al pie del Monte Sinaí. Nosotros, como todo el pueblo de Israel somos los descendientes y los herederos de esas almas. Todo el pueblo en conjunto es como un Séfer Torá, y cada judío por separado es como una letra dentro del Rollo.

Si bien es cierto que la cantidad de las letras de la Torá es mucho menor que esta cifra, aparentemente la intención de esta alusión es, no limitarse a las letras, ya que existen muchas letras que están formadas por otras, como por ejemplo la letra lamed su parte inferior equivale a la letra caf, y su parte superior a la letra vav; la letra shin está compuesta por tres letras, a saber vav, yod y zayin, habiendo otros muchos casos similares.

LAS VIRGULILLAS

Las formas de las letras que se escriben en el Séfer Torá las conocemos por medio de la tradición, y son distintas a las formas usuales en las impresiones. En un mayor grado se distinguen las letras usadas para el texto sagrado de las de uso en el idioma hebreo vulgar, por las virgulillas con las cuales se coronan las primeras.

Las siguientes siete letras: shin, áyin, tet, nun, záyin, guímel y tzadik (conocidas por la sigla "shaatnez guetz" equivalente a sus abreviaturas) son coronadas en sus cabecillas izquierdas con tres rayitas, finas como el cabello, trazadas al estilo de la letra záyin, formando sobre estas letras como una coronilla.

Otro conjunto de letras: bet, dálet, kof, jet, yod y hé (conocido con la sigla "BaDaK JaYá") sólo llevan una corona formada por una sola virgulilla; mientras que las letras: mem, lámed, alef, jaf, tav, sámej, vav, fe y resh (que forman la sigla melejet sofer) no son coronadas con ningún tilde.

DE LAS NORMAS DE LA ESCRITURA

Las letras deben ser escritas con una caligrafía bella y proporcional, no debiendo tocar una letra la otra ni siquiera en un punto, por lo que cada letra debe ser rodeada por un espacio blanco ("contorno de pergamino") aunque sea una periferia de un ancho de solo un cabello. Tampoco en la parte interna de la letra deben tocarse los fragmentos que no están unidos originalmente, ni siquiera en un solo punto.

Entre palabra y palabra debe dejar un espacio mayor del que deja entre letra y letra. Será por lo menos tan amplio como para que pueda alojar la letra más pequeña, del mismo modo como entre los vocablos.

Si durante la lectura pública sabática se descubre un error en el campo de los espacios que deben separar las letras o las palabras, o en el caso de que las letras no tengan el contorno libre en su derredor, o si en su interior tiene algún punto tangente, cabe consultar con un entendido en Halajá, sobre si este rollo es inapto por defectuoso o no (aunque de todos modos el defecto deberá ser corregido por un escriba especializado en el primer día hábil).

El criterio general es el siguiente: en todos los casos que quedó afectada la letra al punto de semejarse a otra, o que haya quedado dificultoso definirla; en aquellos casos que una palabra parezca como si fueran dos vocablos, o dos vocablos parezcan ser uno; en todas estas circunstancias se considera al Rollo de la Torá inapto, y será necesario extraer del arca otro ejemplar para la lectura.

A fin de determinar si realmente debe ser considerado inapto, se invita a un niño "ni inteligente ni tonto", es decir aquél que conozca las letras y hasta sepa formar con ellas vocablos, pero que no conozca el tema, de modo que no podrá adivinar la palabra correcta, basándose en la lectura del asunto. Se ocultan las palabras que preceden al vocablo en dudas, y si el niño lee incorrectamente ese vocablo inducido por el defecto de escritura que posee, se considera el Rollo inapto.

La escritura no se considera apta, salvo si se escribe con tinta. Supongamos que llegase a caer una gota de tinta sobre una letra y la tapare, aunque sea parcialmente; y si el escriba al borrar esa mancha lograse dejar aparecer la letra original en su forma correcta, no se considerará la escritura apta, debido al defecto de "grabación inscrita"; la idea es esta. El deber consiste en escribir o dibujar la letra y no que la letra se escriba o se dibuje sola borrando algunos trazos sobre la tinta previamente volcada, es decir, que se lo considera como el caso que en una mancha redonda de tinta se borrase el núcleo interno hasta aparecer el pergamino y dejar entrever la forma de la letra sámej, por ejemplo.

Existen otras normas y reglas innumerables respecto a la escritura del Séfer Torá, los cuales el escriba deberá conocer al detalle.

Generalmente el mismo escriba que escribe los Rollos de la Torá, escribe también los pergaminos que van introducidos en los Tefilin y el de la Mezuzá -cuyas escrituras requieren otras reglas adicionales- por esa razón se le denomina SOFER SETAM (el primer vocablo equivale a escriba; el segundo vocablo es la sigla STM de: Sefarim Tefilin Mezuzot).

"LOS GANCHOS DE LAS COLUMNAS"

Otro de los hábitos que implantaron los escribas es el de comenzar todas las páginas con una palabra que se inicie con la letra Vav, (siendo muy numerosos los vocablos que comienzan con esa letra) afirmando que este estilo embellece el Séfer Torá. Denominan esta costumbre "los ganchos de las columnas", parafraseando el homónimo hebreo del plural de la letra Vav que equivale a "ganchos", mientras que "columnas" es en hebreo el homónimo de "páginas".

Algunos doctos dictaminaron que no es conveniente que los escribas procuren este hábito, ya que ello puede acarrear la necesidad de que en algunos casos se amontonen letras, y en otras ocasiones se deba arreglarlas y extenderlas con el propósito de que la página subsiguiente sea encabezada con un vocablo que se inicie con la letra Vav, y por ende el resultado será que el método le restará belleza al Rollo de la Torá. Sin embargo en las últimas generaciones se imprimen libros especiales llamados "Tikún Sofrim" los cuales están ordenados de tal modo que el escriba pueda copiar directamente renglón por renglón, sin verse necesitado a abultar letras ni tampoco a extenderlas, pues de todos modos será encabezada con un vocablo iniciado con Vav, y también las palabras de "Beyáh Shemó" ocuparan sus respectivos lugares.

Y principalmente se consigue con ello que los capítulos obturados y los abiertos, como así también los trazados de las páginas de los Cánticos (el canto sobre el Mar Rojo y el Canto de Moshé-Haazinu) serán hechos de acuerdo a las normas de Halajá.

LA FORMA DE LOS CAPÍTULOS

La forma de los capítulos tiene carácter de Halajá (ley). Cualquier alteración que no esté de acuerdo con la ley, produce invalidez del Rollo de la Torá.

¿Cuál es el capítulo abierto y cuál un capítulo obturado? Se titula capítulo abierto cuando habiendo finalizado el capítulo anterior en el medio de un renglón, quedando un espacio de por lo menos nueve letras, se comienza el nuevo capítulo al principio del renglón, dejando el espacio vacío y abierto hacia el lado izquierdo. Capítulo obturado es aquél que habiendo finalizado el capítulo anterior en el medio de un renglón, sólo se deja el espacio de nueve letras y se escribe el capítulo nuevo. De modo que el espacio vacío que se encuentra en ese renglón queda cerrado y obturado por la escritura de ambos lados.

En la mayoría de los Pentateucos impresos (JUMa"Sh), se indica el lugar del capítulo abierto con la letra Fe (que en hebreo es la inicial de Petujá = abierto), y el lugar del capítulo obturado con la impresión de la letra Sámej (inicial de Setumá = obturado). Existen otros que a pesar de ser impresos han dejado un espacio vacío equivalente.

Los impresores acostumbran después de cada sección semanal imprimir una letra divisoria tres veces, a fin de indicar la finalización de la sección semanal.

LA FORMA DE LOS CANTOS

Los cantos se escriben en el Rollo de la Torá de dos diferentes formas. En la mayoría de los ejemplares impresos, tratan de copiarlos en su forma original: El Canto del Mar

Rojo es trazado en la forma denominada "baldosa sobre ladrillo y ladrillo sobre baldosa" o sea que en los lados opuestos de la página, a la derecha y a la izquierda se escriben alternadamente una palabra sobre una línea corta (generalmente de tres palabras) y una línea corta sobre un vocablo. Y en el centro de la página se alternan una línea escrita y la siguiente vacía, y nuevamente una escrita y la siguiente vacía.

Pero el Cántico de Haazinu se escribe con líneas iguales dejando en el centro de cada línea un espacio vacío equivalente al caso de los capítulos obturados.

FINAL DE CADA LIBRO

Al finalizar cada uno de los Cinco Libros, el Sofer terminará el texto final del renglón y luego dejará un espacio vacío de cuatro renglones, para iniciar a continuación -al principio del quinto renglón- el texto del libro subsiguiente. Al finalizar el texto íntegro de la Torá, la escritura deberá llegar hasta la última línea de la página, y las últimas tres palabras deberán finalizar en al centro de la última línea.

LA CELEBRACIÓN DE LA CONCLUSIÓN DE LA ESCRITURA DEL ROLLO DE LA TORA

Cuando se alcanza la conclusión de la escritura de un Rollo de la Torá (nuevo), concurren amigos, parientes y allegados al homenajeante, como así también todos los amantes de la Torá, a celebrar la fiesta de la conclusión de la escritura.

El escriba no acaba todo el texto antes de la celebración, sino que relega unas cuantas letras en forma hueca, es decir dibujadas de contorno, pero que deben ser llenadas con tinta. Los huéspedes son invitados a completar esas letras, pero sin dejar de recordar, cada uno que toma la pluma en la mano, que cada trazo debe ser realizado por la expresa santidad del Rollo de la Torá, lo cual deberá ser pronunciado expresamente.

Resulta de ese modo que el Rollo de la Torá no fue escrito sólo por el escriba, quien invirtió en ese cometido muchísimo tiempo. Sino también por todos los huéspedes y asistentes, ya que sin las gotas de tinta, que cada uno de ellos agregó, el Séfer Torá estaría inconcluso y defectuoso.

Y ahora que se ha dado por terminada la escritura de todo el Rollo de la Torá, se leen los últimos versículos, a cuyo postre todos los presentes exclaman: "Jazak, jazak venitjazek!" (Fortifícate, se fuerte y nos fortificaremos!"), cundiendo entonces la alegría -"Goce- mías y alegrémonos en la fiesta de la Torá" - ya que ha nacido para Israel un nuevo Rollo de la Torá.

El Año

Reflexiones Sobre Rosh Hashana y Yom Kipur

"...Y que todos se unan para hacer Tu voluntad..." (de la 'Amida de Rosh HaShana y Yom Kippur).

Nuestra tradición nos enseña que en Yom Kippur recibió Moshe las segundas tablas de la ley en el monte Sinai, y el pueblo judío fue perdonado por el pecado del becerro de oro. Desde entonces, este día se estableció como día de perdón para el pueblo judío.

Al aceptar las segundas tablas, después de haber despreciado las primeras, con la construcción del becerro de oro, nuestros antepasados reconocieron la importancia de cumplir con sus obligaciones hacia D's, sin buscar justificaciones para modelarla como mejor les parezca.

Sin duda, les fue muy fácil a nuestros antepasados racionalizar la necesidad por el becerro de oro. Es muy difícil aceptar y adorar a un D's abstracto, a quien no se le puede tocar ni besar. Mucho más fácil y atrayente, especialmente para las multitudes, es crear una imagen de oro, alrededor de la cual pueden reunirse, bailar, cantar. La religión seguramente, decidieron, debe adaptarse a las necesidades de la mayoría del pueblo.

Se cuenta la historia de un visitante a una ciudad, que fue conducido a admirar su construcción más formidable, una torre que su altura dominaba el panorama del lugar. En lo más elevado vio un gigantesco reloj que a pesar de sus dimensiones, resultaba difícil distinguir la hora que marcaba, por la gran distancia que lo separaba.

"Me es difícil ver la hora y mi propio reloj necesita un ajuste - le dice el turista a su acompañante - ¿Por qué no lo bajan para que todos los transeúntes lo vean? A lo que su amigo le respondió: "si lo bajamos y queda al alcance de todos, cada uno lo ajustaría según lo que muestra su propio reloj, ahora que esta tan alto, es cierto que a veces resulta difícil distinguir la hora que marca, pero estamos absolutamente seguros que es la hora correcta...".

Nuestra religión no siempre es fácil de cumplir o de comprender, pero el que la practica en su forma tradicional, sabe que tiene un producto verídico, sin alteraciones, sin falsificaciones.

Si la tradición está al alcance de todos, cada uno la modifica a su gusto, para que se ajuste a su propio punto de vista. Después de un tiempo, cuando el punto de vista cambia, nuevamente la tradición se modifica, así sucesivamente, hasta que llega un momento en que ya no tiene nada en común con las creencias ni las leyes de nuestros antepasados.

En Yom Kippur D's perdonó al pueblo de Israel, por el terrible error de alterar la pureza de nuestras creencias, según ideas que en su mayoría resultan pasajeras, y que con el propósito de facilitar el cumplimiento de las Mitzvot, llegan a destruir los fundamentos del judaísmo.

"...Y que todos se unan para hacer Tu voluntad". No la voluntad de individuos, aunque sean bien intencionados, sino la voluntad de D's en su forma original y verídica.

Que D's responda a nuestras plegarias y de paz y felicidad, a todos y a cada uno de nosotros.

¿Qué Origen Tiene El Kol Nidre?

No se sabe a ciencia cierta en que época, en que país y bajo que circunstancia fue compuesta esta oración.

"Kol nidre" significa "Todos los votos", "Todas las promesas", y la oración parece haber sido instituida en épocas de persecución religiosa con el objeto de relevar de sus votos a los que habían sido obligados a abjurar de su religión.

Una de las explicaciones sobre el origen de esta plegaria que inicia el solemne servicio de Yom Kippur dice que en los tiempos de Fernando e Isabel, pertenecía a la corte de España un judío prominente llamado Manuel de Texeiro.

Grande era el afecto que la pareja real había sentido hacia este cortesano judío y cuando en 1492 promulgaron el edicto de expulsión, los reyes obligaron a Manuel de Texeiro a permanecer a su lado.

Don Manuel continuo, sin embargo, fiel a la fe de sus mayores. No eran muchas las prácticas religiosas que el y los demás marranos podían celebrar en secreto, pero Yom Kippur era estrictamente observado por todos, aún poniendo en riesgo sus vidas.

Los marranos se reunían en una escondida gruta, lejos de toda mirada humana, para elevar sus plegarias al Eterno.

Pero un día de Kippur, aciago para ellos, los agentes de la inquisición dieron con ellos, y todos fueron condenados a morir en la hoguera.

Solo a Manuel de Texeiro, por pedido especial del monarca, le fue perdonada la vida, pero con una condición: que abominara públicamente su "terrible" pecado.

Don Manuel se negó rotundamente a aceptar la gracia. Quería seguir la suerte de sus hermanos y morir con ellos en "Kiddush HaShem" (santificando el Nombre del Creador).

Mas el rey, que lo estimaba de verdad, lo visitó personalmente en la prisión y tanto le rogó, tanto le imploró que don Manuel accedió al fin, con el alma desgarrada.

Llegado el día del gran acto de fe, uno tras otro expiraron los condenados santificando el Nombre del Creador.

Era el turno de Manuel de Texeiro y el Gran Inquisidor lo invitó a expresar público arrepentimiento por el pecado cometido, tal como lo prometiera al Rey.

La plaza estaba repleta. Populacho, nobles, altos miembros de la corte. Ante la ardiente pira, la figura erguida del judío recibía todas las miradas. Calló la algarabía y en medio del silencio se alzó la poderosa voz de don Manuel de Texeiro exclamando: "Desde hace 3.000 años el pueblo de Israel le ha guardado fidelidad a la Tora, a la Ley de Moisés, que le fue dada en el Monte Sinaí en medio de una columna de fuego, debemos también volver con ella al regazo de nuestro pueblo!"

Los judíos marranos solían basarse en la plegaria de Kol Nidre para dejar nulos sus votos de conversión y las transgresiones contra los preceptos de la Tora que, debido a ello, debían realizar durante el año. Ponían especial concentración en esto durante la oración de Kol Nidre.

Janucá: Cronología Desde la Destrucción del 1er Templo

Período a. E.C. (Antes era común)

3338 (-423 a. E. C.-)
Destrucción del Primer Templo. Exilio en Babilonia.
3391 (-370 -)
Edicto de Ciro. Primer retorno a Eretz Israel.
3408 (-353 -)
Reconstrucción del Templo.
Siglo-IV - (a.e.c.)
Segundo retorno a Eretz Israel (Ezrá).

- Reconstrucción de las murallas de Jerusalén, por orden de Nehemías. Ezrá lee la Torá.

- Fijación de la Haftará sección profética de la Biblia a continuación de la lectura sabática de la Torá
3442 (-319 -)
Alejandro Magno conquista Eretz Israel.

- Muerte de Alejandro Magno. División del imperio. Egipto pasa a control, del general Tolomeo.
3448 (-313 -)
Tolomeo I conquista Eretz Israel.

Mediados siglo III - Traducción del Pentateuco al Griego (en Egipto).

3562 (-199-)
- Antíoco III conquista la mayor parte del territorio de Eretz Israel.
Janucá 3586-3597
- Antíoco IV Epífanes gobierna en Siria.
3586
- El Sumo Sacerdote Onías III es desposeído del cargo por Antíoco IV debido a su fidelidad a la Ley judía y su consiguiente oposición al helenismo.
3589
- Jerusalén se convierte en Polis. O sea, la ciudad es convertida en una ciudad griega.

3590-3594
- Menelao (Helenista extremo) es nombrado Sumo Sacerdote.

3592
- Antíoco IV saquea el Templo.

3593
- Se erige la fortaleza de Akra.

3594
- Decretos de Antíoco IV. Profanación del Templo. Comienza la rebelión Macabeo.

3595-3601
- Yehudá, líder de los Macabeos.

3597
- Yehudá conquista Jerusalén. Reinauguración del Templo.

3597-3598
- Antíoco V gobierna en Siria.

3600-3608
- Demetrio I gobierna en Siria.

3600-3603
- Alquimo (helenista extremo), Sumo Sacerdote.

3601
- Yehudá derrota al general Nicanor y reconquista Jerusalén.
Se firma un tratado entre Judea y Roma.

3602
- Muere Yehudá. Yonatán recibe el liderazgo.

3605
- Batalla entre el general Bajides y Yonatán. Yonatán entra en
Jerusalén.

3610-3617
- Alejandro Bales se proclama emperador y se desata el caos
en el imperio Greco-Sirio.

3610
- Yonatán es nombrado Sumo Sacerdote.

3617-3625
- Demetrio II gobierna en Siria. Antíoco VI y Tripón
gobiernan en Siria.

3620
- Muere Yonatán. Simón asume el liderazgo. Demetrio II
reconoce la independencia de Judea. Se renueva el pacto
Roma-Judea.

3621
- Simón captura Akra.

3622
- La gran asamblea confirma a Simón como etnarca, Sumo Sacerdote y comandante en jefe de Judea.

3624-3635
- Antíoco VII Sidetes gobierna en Siria.

3628
- Simón es asesinado.

3628-3658
- Yohanán Hircano gobierna en Judea.

Fines del siglo II
- se escribe el primer libro de los Macabeos.

3628-3630
- Jerusalén es sitiada. Tratado con Antíoco VII.

3633-3637
- Demetrio II gobierna en Siria.

3637-3646
- Antíoco VIII gobierna en Siria.

3647-3667
- Antíoco IX gobierna en Siria.

3655
- Fuerzas judías capturan Samaria.

3658-3659
- Aristóbulo gobierna en Judea. Es nombrado Rey.

3659-3686
- Alejandro Janeo sucede a Aristóbulo.

3686-3695
- Salomé Alejandra sucede a Alejandro Janeo. En el país reina
la Torá y, la paz. Los frutos que crecían en esta época eran tan
grandes que fueron guardados algunos ejemplares para
tiempos futuros, como ejemplo para otras generaciones de lo
que produce la Tierra de Israel cuando Am Israel vive una
vida de Torá.

3695
- Muere la reina Salomé Alejandra y el país vuelve a
inclinarse hacia el helenismo.

3699
- El general Romano Pompeyo captura y ocupa el Monte del
Templo.

Januca en Sevilla

Los tiempos de la inquisición en España, en 1492, traen a nuestra memoria momentos de angustiosa tragedia, de abrumador peso en el destino de la antes floreciente comunidad judía de España. Su suerte, tiempo antes a su expulsión del suelo español - al que tanto habían contribuido en las artes, las letras y la ciencia -se hallaba sobre los platillos de la balanza. La tarea de la inquisición, manchada con sangre judía, era llevada a cabo sistemáticamente y con ponzoñosa planificación. A la cabeza de la misma se encontraba el célebre Torquemada.

La función de la inquisición, como es sabido, consistía en investigar a aquellos cuya devoción cristiana estuviera en tela de juicio.

A su disposición se encontraban fuerzas plenipotenciarias, sin límites; sus agentes y espías se encontraban diseminados a lo largo y ancho de todo el territorio español, aún transcendiendo sus fronteras, y hacía sentir su puño en los países vecinos, también católicos.

Especial atención era dedicada a los "anusim" ('forzados') o marranos, aquellos judíos que simulaban llevar una vida no - judía exteriormente, pero que en su fuero interno conservaban intacta la fe de sus antepasados y cumplían sus indicaciones al pie de la letra.

Se trataba de judíos que habían claudicado ante las presiones impuestas por el vandalismo, el terror y las constantes carnicerías humanas que enfrentaba la comunidad judía en cuanto la turba enardecida por alguna arenga "religiosa" trasponía los umbrales de la "judería". Habían preferido adoptar la fe de los reyes, aunque sea sólo en apariencia.

Por lo general, este núcleo de 'anusim' estaba compuesto por judíos de los niveles altos, poseedores de riqueza e instrucción secular, y que no deseaban, bajo ningún aspecto, perder sus altas posiciones en el reino y la aristocracia. Banqueros prósperos, joyeros afamados y comerciantes exitosos que habían sucumbido en cierta medida a la ya acostumbrada vida de placeres y lujos.

Sin embargo, en su vida privada, ocultos en sótanos construidos con tal propósito, mantenían encendida la llama de su judaísmo, la fidelidad a los preceptos de la Torá. No resulta sorprendente, pues, que la inquisición sintiera la necesidad de "hacerse cargo" de estos criptojudíos (es decir, judíos nuevos) aprovechando la menor instancia para expropiar sus cuantiosos bienes - que nunca más fueron devueltos - y aplicar sobre ellos y sus familias las torturas más diabólicas.

Uno de los 'anusim' más famosos y respetados de Sevilla era Don Baruj Mendoza, un rico comerciante que hacía negocios por sumas fabulosas y sus buques transportaban mercadería hacia remotos países.

Torquemada ya había "puesto sobre él" un ojo, y se frotaba las manos en anticipada satisfacción por el mero pensamiento de los millonarios beneficios que él y la Iglesia recibirían ni bien Don Baruj fuese atrapado en la sospecha de alguna "falta". La Inquisición no precisaba demasiadas pruebas. Era suficiente que una doncella servicial testimoniara que en ese hogar las sábanas eran cambiadas los días viernes, en honor al Shabbat. Sin embargo, para la desazón del gran inquisidor sus agentes secretos buscaban en vano alguna "trasgresión" de Don Baruj. A pesar que su casa estaba atiborrada de hombres y mujeres que vigilaban cada paso por él dado, su constante vigilia no daba resultado.

Don Baruj era consciente del peligro en que él y su mujer, Beruriá, se encontraban y ambos tomaban las máximas precauciones para no despertar sospechas de su existente nexo con el judaísmo.

Torquemada, por su lado, no desesperaba.

Sabía que habría de llegar el día en que Don Baruj Mendoza caería en sus manos.

En el hogar de Baruj Mendoza había encontrado albergue una niña huérfana llamada Rajel. Era la hija de unos parientes, también 'anusim'.

Una lúgubre noche de Pésaj, cuando sus padres estaban entregados a la celebración del "Séder" en el sótano de su vivienda, los agentes de la inquisición irrumpieron sorpresivamente.

Fueron llevados a los sótanos de la Inquisición y allí ofrendaron sus vidas al Creador, tras inenarrables tormentos.

Su hermano, Efraím, fue confinado a un monasterio. Allí se le dio un nombre español, Fernández, y sus educadores hicieron lo imposible por hacerle olvidar todo lo referente a su pasado y hacer de él un monje ejemplar. Con el correr de los años Fernández creció, y se sumó al gran número de clérigos al servicio incondicional de la inquisición y su mentor, Torquemada. Este depositaba en él grandes ambiciones.

Durante su juventud, en más de una oportunidad había preguntado a sus educadores, los frailes, acerca de su propio pasado y la suerte de sus padres.

La respuesta habitual que recibía era que había sido abandonado en las escalinatas de la iglesia cuando era sólo un bebé. Fernández sentía de alguna manera que esa no era la verdad. Intuía algo acerca de su procedencia judía.

Empero, a pesar de lo poderoso de su intuición, carecía de los medios necesarios como para poder corroborarlo.

Su nueva posición entre los allegados de Torquemada, afortunadamente, le había abierto las herméticas puertas que encerraban los archivos de la inquisición, y podía revisar tranquila y concienzudamente los papeles confidenciales que guardaban la terrible historia de millares de víctimas, entre ellos, como habría de comprobar, sus padres.

Una oscura noche, cuando Fernández hojeaba las amarillentas páginas de un grueso volumen del archivo, se topó con un informe que detallaba extensamente todo lo referido a una familia de 'anusim', León y Estela Mendoza.

Aún cuando el nombre Mendoza fuese muy usual en España, y carecía de todo significado especial para el joven fraile, éste despertó su curiosidad y un extraño magnetismo lo obligó a leer el detalle del informe.

El informe refería acerca de las sospechas que habían recaído sobre los Mendoza, cómo los agentes de la Inquisición habían irrumpido en su domicilio y cómo les habían arrancado la confesión mediante aparatos de tortura sanguinarios. Los torturadores - continuaba - habían hecho todo lo posible por que ellos delataran a otros hombres que guardaban el judaísmo en secreto, mas - señalaba - los reos habían demostrado una inquebrantable tozudez y no dieron nombre alguno. Eventualmente estos murieron durante la tortura y sus cuerpos fueron incinerados en la pira pública.

El informe concluía diciendo que un pariente de los Mendoza había pedido tomar bajo su tutela a los dos hijos huérfanos, mas la Inquisición había entregado sólo a la niña en tanto que el varón fue entregado a un monasterio...

Fernández leía y releía, presa de un gran sobresalto. La descripción tan minuciosa de las torturas le había caído mal y sentía que en cualquier momento perdería el conocimiento. En su mente no podía caber tanta crueldad bajo la bandera del "amor religioso". Y el mero pensamiento que quizás estos hombres torturados fuesen sus progenitores, quebró su moral por completo.

Durante toda la noche Fernández repasó una y otra vez el contenido del informe, como hechizado. Cuando finalmente salió al exterior, el sol ya esparcía su calidez sobre las calles de Sevilla. Fernández caminaba sin rumbo, confuso.

Repentinamente recordó que debía estar a las diez de la mañana en la oficina principal del Santo Oficio.

Torquemada lo recibió con una sonrisa fraternal, mas sus sagaces ojos descubrieron de inmediato que algo no marchaba bien con el joven fraile.

-¿Estás enfermo, Fernández? Tienes el aspecto de haber tragado un sapo, ¿o es que has visto un demonio por el camino?

Con gusto Fernández hubiera replicado que sí. Que veía delante suyo demonios con aspecto humano, mas se contuvo.

-No he podido dormir bien, ni tampoco me siento bien. - Sólo los pecadores padecen de insomnio - comento Torquemada - Tú, Fernández eres un hombre temeroso del Cielo y no un pecador.

-¿Quién es aquel que puede testimoniar sobre su propia persona que está limpio de toda trasgresión? - respondió Fernández con un dejo de nerviosa humildad.

-No te desmoralices, Fernández. Tengo para ti una misión especial y si la llevas a cabo con éxito, puedes tener la total seguridad de que nada te faltará, ni gloria ni riqueza. Siéntate y presta atención.

Prestamente el gran inquisidor puso al joven fraile al tanto de la nueva misión que se le encomendaba, de la siguiente manera:

-Hace cierto tiempo ya que sospechamos infidelidad en la conducta de una de las familias de 'anusim' más ricas de Sevilla. Su residencia es uno de los palacios más bellos de nuestra ciudad, con grandes ventanales en dirección al río. No me cabe la menor duda de que sabrás cómo ingresar en la magnífica mansión y demostrar lo que debes demostrar. La décima parte de sus bienes será tuya, además de tu nominación para un puesto más elevado en la jerarquía eclesiástica. Sólo debes tener éxito en tu misión...

Cuando Torquemada arribó a este punto, se puso de pie y comenzó a pasearse por su despacho, en tanto que presentaba ante Fernández, con lujo de detalles cargados de enceguecido odio, los portentosos beneficios que obtendría la Iglesia y la Inquisición, si Benedict Mendoza caía en sus garras.

Fernández, paralizado, escuchó el nombre Mendoza salir de los labios del gran inquisidor. Fue para él un duro golpe pero que supo ocultar y hacer pasar desapercibido. Fernández seguía prestando sumisa atención a las aserciones del gran carnicero.

Ve a descansar, Fernández y espero verte mañana abocado a tu tarea - concluyó Torquemada, en tanto lo acompañaba hasta la puerta, dando por terminada la audiencia.

Durante todo el día los pensamientos quitaron la tranquilidad a Fernández. No tenía la menor idea de cómo solucionar este dilema. Eventualmente elaboró un plan de acción.

Era la medianoche, cuando Fernández se acercó al palacio de los Mendoza.

Los pórticos estaban clausurados con pesados cerrojos y un alto muro rodeaba al hermoso jardín. Los grandes ventanales estaban a oscuras, y sólo de las habitaciones del piso superior, los dormitorios, una tenue luz se filtraba por las celosías entrecerradas.

Lentamente, Fernández trepó por el muro y de un salto estuvo del otro lado. El césped había silenciado sus movimientos y amortiguado el golpe de la caída. Cerca de la casa, un árbol le resultó sumamente útil. Ascendió por él, y mediante una de sus ramas llegó hasta el balcón. Allí descansó unos minutos para recuperar el aliento.

Luego intentó abrir la puerta que conducía al dormitorio, pero ésta estaba cerrada. Antes de salir para la tarea, Fernández se había muñido de diferentes herramientas sustraídas del sótano de torturas del Santo Oficio. Con la ayuda de una llave maestra, y en cuestión de minutos la puerta estaba abierta.

En el interior, Fernández vio un dormitorio de mucho lujo, con las camas preparadas para el descanso nocturno.

Curiosamente no había nadie en el recinto mas la puerta estaba cerrada por dentro.

-Sin duda - comprendió el fraile - debe haber aquí otra puerta más, secreta.

Este dato no sorprendió a Fernández en absoluto. Sabía que en muchos de los hogares criptojudíos existían tales salidas secretas, que conducían a sótanos desconocidos.

Fernández comenzó a buscar la puerta secreta, palpando las paredes, mas sin resultado positivo. Súbitamente su mirada recayó en un enorme armario y casi al instante supuso que la puerta debía encontrarse detrás del mismo.

Con todas sus fuerzas Fernández intentó apartar al armario, mas éste no se movía. Cansado y empapado de sudor, Fernández se detuvo a descansar un momento, mientras continuaba observando la habitación. Luego, como casualmente, se apoyó del otro lado del armario y éste comenzó a moverse, como si estuviera colocado sobre engranajes bien aceitados.

Ante él apareció una entrada, a continuación escaleras empinadas y un oscuro vacío que conducía hacía algún lugar debajo de la casa.

Fernández comenzó a descender por la escalera, y la puerta se cerró detrás de él en forma automática. Una intensa oscuridad, casi palpable, descendió por el pasadizo.

Fernández había llegado al último escalón, dando de plano contra otra puerta.

La puerta se abrió violentamente y Fernández se encontró en el suelo de un sótano perfectamente iluminado, mientras tres rostros aterrorizados lo observaban.

Fernández se levantó.

Ante sí vio una Menorá de Janucá, con las velas encendidas. Pequeñas luces que brindaban una intensa luz. Velas de características tales, como él jamás había visto.

Pero no. Ahora recordaba.

Sí, había visto velas similares en una oportunidad, cuando aún era un niño pequeño...su mirada recayó nuevamente en los pálidos rostros de Baruj Mendoza, su mujer, y Rajel.

- ¡Hermana querida! Tío...tía... ¿No me reconocéis? - grito Fernández emocionado hasta la fibra más íntima.

Las tres personas recobraron el aliento, volvieron a la vida, súbitamente.

-¡Pero si es Fernández...Efraím! ¡Mi sobrino querido...nuestro hermano perdido...!

Una enorme alegría pasó a ocupar el lugar del terror mortal que los había sobrecogido instantes atrás. Sin embargo, al ver su larga sotana y sus hábitos clericales una sombra de desconfianza se apoderó de ellos.

-Ahora no es el momento de relatarles toda mi historia.

Debemos salvar la vida y cuanto antes mejor.

Baruj Mendoza tomó bajo su mando la dirección del escape. Siempre tenía preparado un buque en medio del mar, para situaciones de emergencia, amén de una barcaza ligera a orillas del río. Por supuesto, sus marineros y timoneles eran también 'anusim' de confianza.

En la cerrada de noche sin luna, la familia Mendoza zarpó en la pequeña embarcación y luego continuó viaje en el buque que los esperaba en medio del mar.

En sus corazones sólo cabía una plegaria al Altísimo por los medios que Su Divina Providencia había puesto en su camino para asegurar su salvación en ese instante. Un cántico de alabanza y agradecimiento se elevaba en medio de la paz del mar, en tanto albergaban la esperanza de llegar en poco tiempo a costas más seguras.

Leyes y Costumbres de Janucá

¿Con Qué Deben Encenderse Las Velas de Janucá?

Se aconseja realizar esta Mitzvá encendiendo las velas de Janucá con aceite de oliva puro y mechas de algodón porque su luz es pura y recuerda la Menorá encendida con aceite de oliva. Se permiten otros aceites y mechas, si su luz es pura y no vacila. Se puede también usar cera o parafina.

El recipiente donde colocar el aceite y la mecha debe ser estéticamente bonito, de metal o vidrio, limpio y pulido. Se permite usar una sola vez objetos de greda (mientras estén nuevos).

No obstante puede utilizarse la misma mecha para todas las noches. Esto es también válido para el resto del aceite o los pedazos de vela de cera y parafina que hayan quedado.

Como Encender Las Velas

Se prende una vela por noche hasta completar las ocho velas (octava noche). Si alguien tiene una Menorá de ocho velas deberá sólo encender aquella del extremo derecho durante la primera noche. La noche siguiente agrega aquella que está inmediatamente a la izquierda de esta última y la enciende primero. Luego prende la vela de la derecha, usada la noche anterior. Deberá seguir el mismo procedimiento todas las noches, siempre añadiendo de derecha a izquierda, pero encendiendo de izquierda a derecha.

Esto se debe a que la vela adicional recuerda el crecimiento del milagro. Las velas deben ponerse en línea recta. Ninguna debe estar más alta o más baja que las demás. Ninguna más atrás o adelante, y ninguna en círculo. Debe, asimismo, haber bastante espacio entre una y otra para que las llamas no se junten, y el calor de una no derrita la cera de la otra.

La primera noche se dicen las tres berajot (bendiciones) antes de encender las velas.

1.- BARUJ ATA ADO-NAI EL-O-HENU MELEJ HAOLAM ASHER KIDESHANU BEMITZVOTAV VETZIVANU LEHADLIK NER *(*SHEL)* JANUCA.
* *(En las comunidades Sefaraditas no se dice "Shel").*
Bendito Seas, Señor nuestro D's, Rey del universo. Que nos santificaste con Tus mandamientos y nos ordenaste encender la vela de Janucá.

2.- BARUJ ATA AD-ONAI EL-O-HENU MELEJ HAOLAM SHE'ASA NISIM LA'AVOTENU BAYAMIM HAHEM BAZEMAN HAZEH.
Bendito Seas, Señor, nuestro D's. Rey del universo que obraste milagros en bien de nuestros padres en aquellos días y en este tiempo.

3.- BARUJ ATA AD-ONAI EL-O-HENU MELEJ HAOLAM SHEHEJEYANU, VEKIYEMANU VEHIGUIANU LAZEMAN HAZE.
Bendito Seas, Señor nuestro D's, Rey del universo, que nos otorgó vida nos prodigó subsistencia y nos permitió llegar a este tiempo.

Luego deben encenderse las velas. Las noches siguientes, se pronuncian sólo las dos primeras berajot; se omite "shehejeyanu". Si por algún motivo de fuerza mayor no se prendió la vela de Janucá de la primera noche, debe decirse "shehejeyanu" la primera vez que se encienda.

Se acostumbra encender una vela extra, aparte del número requerido. Esta se denomina "Shamash" (sirviente). Puede usarse para encender otras velas. Y no se puede aprovechar su luz. Las velas de Janucá no pueden emplearse para otros propósitos. Mientras estén ardiendo en cumplimiento de la Mitzvá. (Otra luz, además del Shamash es necesaria en la casa).

Generalmente no se acostumbra usar una vela de Janucá para encender otra en la misma menorá. Sólo deberá emplearse un Shamash u otra vela para ello.

Todos los habitantes de la casa deben estar juntos en el momento de prender las velas, para que "el milagro pueda publicarse".

Después de encender la primera vela de Janucá se dice "hanerot halalu" y se prenden las demás. Una vez terminado el encendido, se cantan himnos de Janucá, de acuerdo a la tradición de la comunidad.

Donde Colocar Las Velas

Según los Sabios, las velas de Janucá deben colocarse al lado izquierdo de la puerta principal de la casa; de esa manera, la mezuzá queda a la derecha y las velas de Janucá a la izquierda. No deben colocarse a una altura menor de 3 "tefajim" (30 cm.), ni superior a 10 "tefajim") (1 metro) del suelo. Si se ubican a más de 10 tefajim, siempre que sea a menos de 20 "amot" (codos), aún está dentro de lo correcto. Esto se debe a que sólo podrá lograrse el efecto de "pirsum hanés" (difusión del milagro) dentro de esos límites. En las últimas generaciones, la mayoría de la gente ha puesto sus velas de Janucá en el borde de una ventana que da a la calle. Sin embargo no se debe colocarlas en una mesa, porque no se logra el "pirsum hanés".

Si uno vive en un edificio y las ventanas están a más de 20 codos de la calle, es mejor poner las velas de Janucá al lado de la entrada del balcón, ya que de esta forma podemos cumplir ambas condiciones prescriptas anteriormente.

Las velas deben arder, por lo menos, media hora. Debe entonces haber suficiente aceite en la Menorá en el momento de encenderlas para que duren el tiempo prescripto. Aquellos que prenden las velas con la puesta del sol, deben colocar en la Menorá aceite para un mínimo de 50 minutos, para que las velas ardan media hora después de la aparición de las estrellas. Si no hay suficiente aceite para 30 minutos en el momento del encendido, no podrá agregarse este último con las velas prendidas.

El instante más importante del cumplimiento de la Mitzvá es el encendido de las velas.

Si se ha puesto demasiado aceite en la Menorá, podrá apagar las velas después de media hora, y así le será posible utilizar el resto para el día siguiente. Este podrá también ser usado para otros fines. Sin embargo, no se podrá usar el aceite restante ni la mecha después de la última noche de Janucá.

Estos deberán consumirse, a menos que se haya decidido desde un principio utilizarlos con fines sagrados.

Si una de las velas llegara a apagarse antes de cumplir la media hora prescripta, deberá ser encendida nuevamente, sin berajá. Sin embargo, si no se llega a encenderla por segunda vez, se considerará cumplida la obligación de la Mitzvá. Mientras las velas de Janucá estén ardiendo, incluso después de la media hora estipulada, no podrán ser utilizadas para fines personales, ni cambiadas de lugar. Después de la media hora, si uno desea usarlas para otra cosa, deberá, primero, apagarlas.

En Erev Shabbat, se encienden primero las velas de Janucá y luego las de Shabbat. Se deberá poner suficiente aceite para que ardan hasta después de la salida de las estrellas.

Al terminar el Shabbat, se dice primero la "havdalá" sobre el vino y luego se encienden las velas de Janucá. Otros invierten el orden; cada persona deberá regirse por las costumbres de sus antepasados.

Quien Debe Encender Las Velas

Todos deben encender las velas de Janucá, tantos hombres como mujeres. Todo niño mayor de nueve años también debe hacerlo, a menos que otros lo hagan por él.

Si un hijo que reside en casa de sus padres tiene un cuarto aparte, deberá encender él mismo sus velas de Janucá. En caso contrario, su padre lo hará por él. En las comunidades Sefaraditas, es costumbre que una sola persona encienda las velas para toda la familia.

Si hay un invitado en casa y éste tiene su propio cuarto, deberá encender él mismo sus velas. Si no, compartirá el costo de las velas con el dueño de casa y éste las encenderá para todos.

En la sinagoga se encienden las velas de Janucá entre Minjá y Ma'ariv, con berajá. No obstante, se deberá nuevamente decir la berajá al encender las velas en la casa.

En la sinagoga las velas de Janucá se colocan en el muro sur.

En un lugar donde haya gran cantidad de velas de Janucá, será necesario dejar suficiente espacio entre las Menorot para que pueda distinguirse el número de velas que cada uno enciende.

Se procurará realizar con mucho amor y respeto la Mitzvá del encendido de velas y, además, la harán con dedicación y cuidado para publicar el milagro, loar a D's y agradecerle por los milagros que él nos entrega, y nos prodigó en el pasado.

Un pobre que no tiene ni siquiera comida -más que de la Tzedaká- deberá pedir dinero prestado o vender alguna prenda para poder comprar aceite y mechas (velas), para encender su Ner Janucá.

"Si sólo se tiene una moneda y necesita dinero para el Kiddush (en Shabbat) y el encendido de velas de Janucá, deberá primero adquirir el aceite para las velas y luego vino para el Kiddush, por estar ambos prescriptos por los Sofrim (Escribas) deberá darse prioridad a las velas de Janucá para recordar el milagro" (R"aMBaM -Maimónides-, Hiljot Janucá).

Observancia de Janucá

Durante los ocho días de Janucá, se dice el "Halel" completo después de Shajarit, se incluye asimismo "al hanisim" en todos los servicios y en "birkat hamazón". Si uno olvida decir "al hanisim" durante "shmoneh esreh" o en el "birkat hamazón", pero lo recuerda después de pronunciar el Nombre Divino, no retrocede sino concluye la "shmoneh esreh" sin decirlo.

Reflexiones Sobre Janucá

Por más de dos mil años hemos festejado anualmente la victoria de los Jashmonaim sobre los invasores helenistas. Con velas, cantos, Halel (Oración de alabanza a D's), expresamos nuestra alegría y agradecimiento al Señor, por habernos ayudado una vez más a resistir a un enemigo muy poderoso.

También en Purim celebramos un acontecimiento similar. El Pueblo Judío, con la ayuda de D's y gracias a los grandes esfuerzos de Mordejai y Esther, logra deshacer los planes del malvado Haman, de aniquilar en un sólo día a todos los judíos residentes en el imperio de Ajashverosh.

Existe, sin embargo, una amplia diferencia en el modo de festejar estas dos ocasiones. Mientras en Janucá recordamos el milagro sucedido, con las velitas, cantos, y el Halel, en Purim lo hacemos en un banquete, Seudat Purim, con alimentos y bebidas especiales, con Mishlóaj Manot, y ayudando materialmente a los necesitados (Matanot L'aevionim).

¿A qué se debe la diferencia en la manera de festejar estas ocasiones que aparentemente son tan similares? La respuesta a esta pregunta nos dará un entendimiento más profundo de la esencia de Janucá y Purim.

El malvado Hamán planeó la aniquilación física de todos los judíos. Los ejércitos helenísticos estaban interesados en que los judíos aceptaran la cultura griega, querían acabar con el espíritu de nuestro pueblo, con su religión, con su Torá.

Establecieron reglamentos que hicieron casi imposible el cumplimiento de las Mitzvot (mandamientos). Por medio de la fuerza nos quisieron quitar nuestra tradición.

Hamán declaró la guerra contra la existencia física del pueblo judío; Antíoco, el rey helenista (seléucida) pretendió destruir su existencia espiritual.

Es por esta causa que Purim se festeja con comidas y bebidas, con regalos y alegría, pues es la fiesta de la existencia física de nuestro pueblo.

No es así en Janucá, que conmemora la salvación de la religión, del espíritu eterno del pueblo judío. Esta festividad es la de las luces, que simbolizan el espíritu del hombre "Ner HaShem Nishmat Adam" (Mishlé - Proverbios XX) y la Torá "Ki Ner Mitzvá Vetorá Or" (Mishlé VI). Januká es la fiesta de la sabiduría de nuestro pueblo, de sus valores morales y espirituales, de la Torá.

Es la conmemoración de la victoria de los Tzadikim -los justos-contra los Reshaim, los malvados de la fuerza del espíritu contra la fuerza física.

Periódicamente se realizan en Israel competencias atléticas para jóvenes judíos de todo el mundo. Estas mini-olimpiadas tienen como objetivo desarrollar en los jóvenes su identificación con el Estado de Israel y el estrechar los lazos que unen a los jóvenes judíos de la Diáspora entre sí y en particular con la juventud israelí; loable meta, sin lugar a dudas.

A estas competencias le dieron el nombre de "Macabiadas".

Macabí, si es que alguien lo ha olvidado, era el apodo de Yehudá, hijo de Matitiahu, quien luchó tenazmente contra los helenistas y contra todo lo que ellos representaban ; el culto del cuerpo humano, el materialismo, la importancia de la fuerza física. Todo esto fue combatido por Yehudá HaMacabí, quien finalmente consiguió restituir nuestros valores eternos a la vida de los judíos en Israel.

Está completamente ajeno al espíritu Macabeo, la competencia entre las capacidades físicas de los hombres. El cuerpo humano es extraordinariamente importante, pero es el espíritu el que debe tener dominio sobre las acciones del hombre.

El culto a la fuerza física está muy lejano a los ideales Macabeos.

Si traen un beneficio para la juventud judía en la diáspora, que sigan entonces estas competencias. Pero darles el nombre de "Macabiadas" es una profanación al recuerdo de los Macabeos y de su gran victoria en Janucá.

Un Poco de Historia

"Y aconteció en los días del rey Ajashverosh. . ."
(Meguilat Éster 1:1)

Hace más de dos milenios, en el año 3392 desde la creación del mundo (368 antes de la Era común) ascendió al trono de Persia el rey Ajashverosh, Asuero. Este no era el heredero legítimo de la corona pero supo conquistar, no obstante, la admiración del pueblo merced a sus riquezas y a su poderío.

El pueblo de Persia, impresionado ya con sus riquezas, quedó aun más admirado al conocerse su matrimonio con Vashti.

"En el año tercero de su reinado hizo un banquete. . . '
"Y la Reina Vashti se rehusó a venir. . ."
(Meguilat Éster 1:3-12)

Debido a su condición de usurpador en el trono, el rey Ajashverosh buscaba constantemente nuevos medios de afianzar su reinado. Uno de los importantes pasos que dio en este sentido fue el transferir la capital de Babilonia a Shushan -Susa-. Empero aún más importante todavía fue el banquete real que ofreció al pueblo. Con este banquete comienza la historia de Purim, ya que el rey embriagado comenzó a jactarse de sus riquezas como también de la belleza de su esposa. Incitado por la muchedumbre, el rey envía una orden a Vashti -la reina- a fin de que se presentara al banquete. Empero la reina se negó a ir, argumentando: "¿Acaso debe convocarme como una esclava común?" y audazmente rehusó cumplir la orden del rey. Este se enfureció y aconsejado por uno de sus sirvientes mando a ejecutar a Vashti.

"Había   un   judío   en   Shushan.   .   ."
(Meguilat Éster 2:5)

Tras la muerte de Vashti comenzase la búsqueda de una reina.

En Shushan residía un judío muy piadoso y sabio llamado Mordejay. Este tenía una encantadora y bondadosa sobrina llamada Éster, Hadasa, que había perdido a sus padres, siendo adoptada por el.

El concurso para reemplazar a Vashti se prolongó durante varios años. A todas las concursantes les concedieron todos los tratamientos que solicitaron. Tan solo Éster no exigió nada; y aunque no era la más bella de todas, el rey la prefirió por la gracia que encontró en ella. Cuando Éster supo que era la elegida -aconsejada por Mordejay- no reveló su condición de judía, ya que le dijo que mantuviese el secreto hasta que llegara el día en que hubiese -por algún motivo- que ponerlo en evidencia.

"En aquellos días. . . dos chambelanes del rey. . . intentaron poner mano sobre el rey. . ."
(Meguilat Éster 2:21)

Después de que Éster fuera elegida como reina de Persia, esta pregunto al rey por que no había escogido para si un consejero virtuoso. Este replico que no conocía a ninguna persona digna de recibir tal cargo -He aquí que tienes a Mordejay- dijo Éster -sabio, piadoso y leal. Y así Mordejay se convirtió en el consejero del rey.

Cierto día, escuchó Mordejay una conversación entre dos servidores del rey, los cuales planeaban envenenarlo. Inmediatamente se dirigió a comunicarle la noticia a Éster quien a su vez hizo lo propio con el rey.

Descubierta la conspiración y condenados a muerte, mandó escribir en el libro de la Crónicas Reales constancia de que Mordejay había salvado la vida del rey.

"Después de estos sucesos el rey Ajashverosh engrandeció a Haman. . ."
(Meguilat Éster 3:1)

El rey Ajashverosh nombró a Haman Primer Ministro y expidió una orden que estipulaba que todos los miembros del palacio debían inclinarse ante el. Todos en el palacio se inclinaban ante Haman, empero Mordejay se negaba.

"Le pareció despreciable ante sus ojos levantar su mano sobre Mordejay solamente, ocurriéndosele exterminar a todos los judíos que había en el reino de Ajashverosh, por ser el pueblo de Mordejay".
(Meguilat Éster 3:6)

Con éstas palabras nos demostró Haman una vez más que la suerte de cada judío -donde quiera que se encuentre- esta ligada a la de su pueblo, como nos cuenta el Talmud en el tratado de Meguila. "Dijo Rava: cuando Haman pidió destruir al pueblo de Israel le respondió Ajashverosh que temía de la respuesta de D's por su Pueblo; a lo que contestó Haman: "Ieshno am ejad" -Hay un pueblo-, queriendo indicarle "Ieshno" -"iashnu" -se durmieron- en el cumplimiento de los preceptos Divinos; a lo que respondió Haman: "Todos ellos" forman un solo pueblo en si. Mefuzar umforad- disperso y esparcido- por lo que no tienen el mérito de la ayuda Divina;

a lo que vino la respuesta de Éster a Mordejay: Ve y reúne a "todos los judíos de Shushan y ayunen por mi"; la solidaridad del pueblo judío es la llave de su destino".

La historia nos demuestra, generación tras generación, que ni el intento de asimilación puede desligar al judío de su pueblo, por lo que la alegría de Purim no es una alegría particular sino una alegría común de todo el pueblo de Israel. Por lo tanto, fijaron nuestros sabios, tres preceptos especiales en el día de Purim para llegar a esta alegría.

"Entonces dijo Haman al rey Ajashverosh: 'hay un pueblo.   .   .'   "
(Meguilat Éster 3:8)

La negativa de Mordejay despertó el odio de Haman no solamente hacia el sino también hacia todos los judíos. Por eso elaboró un plan para destruir a los judíos residentes en el reino con la excusa de que estos se mantenían apartados de todos, vivían apartados, comían y bebían apartados, no se casaban con las hijas de los nativos. . . con lo que el rey permitió que este hiciera su voluntad. Sin demora hizo llamar a los escribas reales y les ordenó preparar a rodeas las provincias del reino.

"Y Mordejay supo todo lo que había sido hecho. . ."
(Meguilat Éster 4:1)

Mordejay tuvo esa noche un extraño sueño. El profeta Eliahu se le apareció en sueños y le reveló el proyecto malvado de Haman. Cuando despertó, rasgo sus vestidos en señal de duelo e informó la mala noticia a los judíos de la ciudad, los cuales ya sabían que estaban condenados a morir el decimotercero día del mes de Adar.

Mordejay hizo llegar la noticia a la reina Éster afirmándole que ahora había llegado el momento de revelar al rey su origen judío y suplicarle la salvación de sus leales súbditos judíos.

"Y Éster dijo. . . ve y junta a todos los judíos. . . y ayunen   por   mí.   .   ."
(Meguilat Éster 4:15-1)

Y así imploró Éster: Que todos los judíos, jóvenes y ancianos por igual ayuden y oren por tres días. El destino del pueblo de Israel estaba en la balanza. . . Mordejay dispuso prontamente el ayuno y todos los judíos del reino lo atacaron.

"Y aconteció que el tercer día Éster vistió su vestimenta real.   .   ."
(Meguilat Éster 5:1)

Durante los tres días de ayuno, Éster oro a D's para que se le otorgara el éxito en su intento de salvar a su pueblo. Al tercer día se dirigió a la Cámara Real. El rey diviso a Éster en la entrada; su semblante reflejaba palidez empero algo en su rostro le hacía parecerle a un ángel. El rey le preguntó afectuosamente que le perturbaba y considerando no oportuno el momento de informarle sobre su pedido, lo invitó a un banquete a él y a su Primer Ministro, Haman.

Cuando el rey y Haman hicieron su aparición en el banquete y el soberano le preguntó nuevamente cual era su deseo, Éster consideró que el momento no era oportuno todavía para su petición y los invitó a un segundo banquete a realizarse la noche siguiente, prometiendo revelar su deseo.

"Aquella noche el rey no pudo conciliar el sueño. . ."
(Meguilat Éster 6:1)

Nadie durmió esa noche.

Mordejay y los judíos elevaban sus plegarias al Todopoderoso: Éster estaba atareada preparando el banquete. Tampoco Haman dormía, dedicado a erigir la horca para Mordejay. Solo el rey dormía apaciblemente. Empero despertó súbitamente y ya no pudo conciliar el sueño. Una grave sospecha se produjo en su corazón: ¿Por qué invitó Éster a Haman al banquete? Pidió que se le trajera el Libro de las Crónicas Reales y que le leyera los últimos acontecimientos que habían ocurrido en el palacio. Fue cuando abrió el libro, que apareció lo sucedido cuando quisieron envenenar al rey; relato en el cual se destacaba la acción de Mordejay. . . En ese momento entró Haman y el rey le preguntó que habría de hacerse con el hombre que el soberano desea honrar, a lo que respondió que debería ataviarlo con vestiduras reales, hacerlo lucir la corona del rey y permitirle cabalgar por las calles de la ciudad montado en el caballo del rey. A esto, Ajashverosh respondió: Apresúrate, y haz todo - según lo mencionado- con Mordejay.

"Y Haman fue corriendo a su casa apesadumbrado y desgraciado.   *."*
(Meguilat Éster 6:12)

Haman emprendió la búsqueda de Mordejay para cumplir con el deseo del rey, paseándolo por las calles de la ciudad con las vestimentas reales sobre el caballo del rey.

Al ver los judíos lo que ocurría con Mordejay se alegraron y comenzaron a ver la realización del milagro que tanto esperaban. Al volver al palacio Haman se apresuró para concurrir al banquete de Éster.

"Y así colgaron a Haman de la horca que había hecho aparejar   para   Mordejay.   .   ."
(Meguilat Éster 7:10)

Ajashverosh se dirigió al banquete de la reina y le preguntó nuevamente cual era su pedido. Éster respondió que ella y su pueblo estaban en peligro a causa de Haman.

Al enterarse de tal terrible designio, mandó a colgar al traidor Haman en la misma horca que había preparado para Mordejay.

"Establecieron y aceptaron los judíos sobre si y sobre su simiente. . . el celebrar estos días. . . cada año."
(Meguilat Éster 9:27)

El rey Ajashverosh nombró Primer Ministro a Mordejay en lugar de Haman. Debido a que los decretos no podían ser anulados, se emitió un nuevo documento paralelo al anterior, el cual ofrecía a los judíos el derecho a defenderse de sus enemigos en caso de ataque.

Cuando llegó el trece de Adar, día en que los judíos debían ser ejecutados por Haman, estos se reunieron en las plazas públicas de todos los pueblos en que residían, deteniendo y ejecutando -por edicto real- a todos sus perversos enemigos.

Y aunque el catorce de Adar los judíos de Shushan seguían ajusticiando a los enemigos, los demás judíos, fuera de la mencionada ciudad festejaban con alegría la victoria.

Desde entonces, el decimocuarto día del mes de Adar fue consagrado como la festividad de Purim, para así conmemorar el gran milagro de la salvación de nuestro pueblo.

Los judíos que vivían en ciudades amuralladas -tal como Shushan- consagraron el decimoquinto día de Adar como día de festividad, y es lo que hoy llamamos Shushan Purim; así como se comprometieron a observar el Taanit Éster - Ayuno de Éster- el día trece de Adar, o sea en la víspera de Purim, para conmemorar los ayunos y oraciones de los judíos de aquel momento histórico y emular su arrepentimiento al Creador, Bendito sea.

Leyes de Purim

MAJATZIT HASHEKEL -el medio shekel-

Se acostumbra dar a los pobres tres monedas de valor del medio shekel de la Tora o de la moneda del país, en recuerdo al medio shekel que donaban en la época del Templo para la compra de los sacrificios públicos que venían a implorar por nuestro perdón y que se comenzaba a recolectar desde el principio del mes de Adar. También en recuerdo a que Haman quiso comprar de manos de Ajashverosh a todo el pueblo de Israel por diez mil monedas de plata para aniquilarlos, siendo nuestra tzedaka la respuesta a la maldad de Haman.

PARASHAT ZAJOR

El Shabat anterior a Purim, tras la lectura habitual de la Tora, se leen los versículos del libro de Devarim - Deuteronomio- 25:17/19, en los cuales se relata el precepto bíblico de recordar -en imperativo hebreo, zajor - el odio de Amalek para con nuestro pueblo: "Recuerda lo que te hizo Amalek en el camino, a la salida de Egipto; como te acometió sin temor de D's matando a los rezagados cuando ibas cansado y debilitado. Pero cuando el Eterno tu D's te haga descansar de todos tus enemigos en el país que te dio por heredad, borrarás la memoria de Amalek de debajo del cielo, no lo olvides".

TAANIT - AYUNO DE - ÉSTER

Tal como lo relata la Meguilat Éster, en el mismo día en que el pueblo de Israel debió ser aniquilado por sus enemigos -el trece de Adar- los judíos lograron su salvación venciendo al adversario y, es por eso que el trece de Adar se declaro día de ayuno en recuerdo de la petición que hiciera la reina Éster al pueblo para que este ayunase y suplicase a D's por la anulación de la malvada sentencia de Haman.

A pesar de la victoria, ayunamos para que en cada año - a través de las generaciones- recordemos que nuestros enemigos continúan al acecho. Si bien venimos en aquella ocasión, no tenemos asegurada la victoria en combates venideros. Es por eso que la alegría de Purim no puede ser completa, y debe estar precedida por un día de ayuno, de reflexión y aflicción. Únicamente por medio de nuestras buenas acciones y de nuestro arrepentimiento sincero conseguiremos vencer siempre a nuestros enemigos.

LEYES Y COSTUMBRES DE PURIM

Purim es una festividad alegre que se celebra anualmente el día 14 de Adar para conmemorar la liberación de los judíos persas de la conspiración de Haman, en el año 3.408 (516 a E.C.), así como está registrado en el Libro de Éster.

Las leyes concernientes a la fiesta de Purim fueron prescritas por los hombres de la Gran Asamblea.

MEGUILAT ÉSTER

Tras la oración de Arvit -servicio vespertino- como así también tras la de Shajarit -servicio matutino- se procede a la lectura de la meguila de Éster, siendo el motivo principal de la celebración. Y como nos relata la misma meguila: *"Y los días estos son recordados y celebrados de generación en generación, de linaje en linaje, de provincia en provincia, de ciudad en ciudad"* (Meguilat Éster 9:28).

En recuerdo de quien en Shushan Habira -Susa la capital-
no descansaron hasta el día quince, todas las ciudades que en
la época de Iehoshua bin Nun estaban rodeadas de murallas -
y aunque hoy no lo estén- leen la meguila el quince de Adar.
Por esta razón es que Jerusalén -por ejemplo- festeja Purim el
día quince.

Antes de la lectura de la meguila se la debe desenrollar y
se va enrollando a medida que se va leyendo) en recuerdo del
párrafo: "Por todos los dichos de esta igueret -carta-. Tanto el
hombre como la mujer deben escuchar la lectura de la misma.

MISHLOAJ MANOT

Envío de comestibles-: debemos enviar por lo menos dos
regalos comestibles a un amigo, símbolo de la hermandad y
amistad entre los judíos.

MATANOT LAEVYONIM

En Purim además de la lectura de la "Meguila", se debe
observar el día con carácter festivo. Se recuerda con más
generosidad que en otros días a los pobres y necesitados, con
regalos y gran caridad de "Matanot Laevyonim".

No debe hacerse ninguna distinción entre los pobres.
Para Purim, debe darse las "Matanot" a quien desee recibirlo.

Es obligatorio que los más pobres den también regalos a
sus semejantes, incluso si ellos mismos dependen de la
caridad. Este sentimiento de igualdad se manifiesta a través
de la felicidad y del entretenimiento que se manifiesta en esta
fiesta de Purim.

Cuando Haman planeó aniquilar a los judíos y saquear
sus riquezas, ricos y pobres se sentían igualmente

concernidos. La riqueza no era un medio de salvación y todos se sentían pobres. Experimentaban lo que era la humillación, el temor constante a la muerte y la opresión.

El carácter distintivo de Purim es la fraternidad que existe entre los judíos, que celebran esta fiesta de liberación con una misma alegría y felicidad. Vemos que en Purim el pobre recibe más caridad que de costumbre y se le trata con más bondad y cuidado.

SEUDAT PURIM

La palabra "fiesta" es la clave de toda la historia de Purim. La reina Vashti fue condenada a muerte en una fiesta y la caída de Haman resulto de una fiesta. Por lo tanto, la fiesta de Purim es una de las facetas importantes en la celebración de Purim. Festejar Purim es una mitzva tan significativa como prender las velas de Jánuca.

Las celebraciones de Purim nos enseñan a seguir una cierta línea de conducta y a llevar una cierta forma de vida. Aparte de la oración y del ayuno -con lo que generalmente se cree estar sirviendo a D's- podemos también servir a D's con "Simja", alegría. Incluso los alimentos y las bebidas corrientes pueden ser elevados a un nivel especial. Los grandes Rabinos obtenían su ciencia escuchando las profundas disertaciones e interpretaciones que hacían sus maestros acerca de la Tora y de la Ética, durante las celebraciones de Purim; esto les proporcionaba un apoyo y sustento espiritual por largo tiempo.

Aun cuando el dinero es un objeto tan material que puede incluso corromper a algunos individuos, en Purim demostramos cuan útil puede ser, si se emplea en forma adecuada. En esta festividad uno puede entregar mucho amor, cariño y objetividad a través del "Mishloaj Manot" y de los regalos a los pobres.

Las máscaras y disfraces que se usan para Purim representaban a los niños vestidos con trajes de sus mayores y a las mujeres disfrazadas (lo que solo se permite para Purim). Esto indica que todos -hombres, mujeres y niños- estaban involucrados en la amenaza de Haman y podían sentir regocijo por su derrota.

Los regalos para los hombres deben darse a dos personas diferentes. Es mejor dar dinero o comidas preparadas. Esta mitzva es aún más importante que "Mishloaj Manot" y "Seudat Purim" y Maimonides dice: "No existe mayor alegría que la de regocijar el corazón de los pobres".

Durante la fiesta de Purim, uno debe ser generosamente caritativo (dar Tzeddaka).

Cuentos

El Conde y el Vendedor de Alfombras

Hace muchos años en una gran ciudad vivía un judío religioso muy rico, comerciante de alfombras.

Un Shabat a la noche estaba con su familia, en la comida sabática. De repente golpearon a la puerta y entró un mensajero del conde.

-Perdonadme la interrupción -dijo el mensajero-. Me ha enviado el conde pues hoy a la noche tiene una gran fiesta en el palacio y quiere obsequiar a sus invitados con alfombras. He venido para que usted se las envíe enseguida.

-Lo siento mucho, pero no podré complacer el pedido del conde. Para nosotros, los judíos, hoy es el santo Shabat y tendrá que esperar hasta mañana a la noche.

-¿Qué clase de respuesta es esta?, dijo el mensajero riendo, ¿Cómo va a esperar el conde hasta mañana si es hoy cuando las necesita?

-Pues yo no puedo dárselas hoy, ya que en Shabat está prohibido negociar, dijo el comerciante. Que el conde me perdone. El mensajero se fue, pero regresó a poco tiempo con una carta de su amo.

"Necesito sin falta las alfombras -escribía el conde- te pagaré el doble o el triple de su valor, pues no puedo conseguirlas en ningún lado. Pero, si no me las das te arrepentirás, piensa bien lo que haces. No te conviene perder un cliente como yo."

El judío leyó la carta y respondió al mensajero.

-Dile al conde que hay Alguien Superior a él y al que debo obedecer. No quiero perder un cliente tan bueno, pero no puedo hacer otra cosa.

Al finalizar el sábado el comerciante recibió una notificación para que se presentara en el palacio del conde.

Su familia estaba asustada y rogó para que no le pasara nada.

El hombre con valentía, se encaminó hacia el palacio.

Ante su gran sorpresa, el conde salió a recibirlo y lo saludo amablemente.

-Perdonadme -le dijo el conde-, por haberte molestado. Tengo un amigo, continúo el conde, que me dijo que él no tenía confianza en los judíos, que ellos solo buscan el dinero y por el dinero eran capaces de vender su fe. Decidí entonces probarte y has pasado muy bien la prueba.

Pude demostrarle a mi amigo lo equivocado que estaba, te agradezco mucho.

Así el conde y el judío siguieron siendo muy buenos amigos.

El Espejo

En una pequeña ciudad vivía un hombre -Reb Abraham-
muy piadoso y recto que cumplía casi con exactitud el dicho
de nuestro sabios: Elu debarim sheen lahem shiur... hajnasat
orjim (estas son las cosas que no tienen medida...
hospitalidad).

Reb Abraham no se contaba entre los adinerados del
lugar, todo lo contrario, era extremadamente pobre, pero a
pesar de ello acostumbraba compartir su modesto pan y
repartirlo entre los pobres, todos encontraban las puertas del
Reb Abraham abiertas para satisfacer el hambre y su sed.

En cierta oportunidad llegó a su casa un ilustre visitante,
que era su rabino, Rav Yeshaiahu, conocido en la comarca por
su sabiduría y bondad. El visitante se percató de inmediato de
la gran hospitalidad de Reb Abraham quien llegaba a
disminuir la alimentación de su familia para cumplir el
precepto antes citado. Por este motivo no se fue de la casa
hasta que no hubo bendecido a Reb Abraham para que
tuviera la ayuda divina en toda empresa a la que se abocara.
No pasaron muchos meses, hasta que se cumplieron las
bendiciones de Rav Yeshaiahu, los negocios de Reb Abraham
prosperaron increíblemente y llegó a la categoría de los
hombres más ricos.

Desde ese momento no encontró Reb Abraham tiempo
libre para ocuparse de los pobres de su ciudad por la forma
en que lo absorbían sus negocios, y por supuesto tampoco
podía ocuparse de los demás pobres provenientes de
distantes lugares que venían a su casa (pues hasta ese
entonces su fama de generoso había traspasado los límites de

su ciudad). A pesar de esto no se puede decir que había abandonado por completo su bondadosa costumbre, ya que tenía a uno de sus sirvientes encargado de ocuparse de los pobres, y hasta de vez en cuando enviaba grandes sumas de dinero destinadas a las clases más necesitadas, pero esto ya no era de todo corazón sino sin darle la menor importancia, hasta el punto que los pobres se apartaban de las puertas del nuevo rico. Y comentaban: "Desde el tiempo que fue bendecida con la riqueza es otra persona, antes era muy bondadoso".

Ocurrió que cuando Rav Yeshaiahu se estaba encargando de recolectar fondos para "Pidyon Shevuyim" (rescate de cautivos), envío a una persona a solicitar su contribución a Reb Abraham, pero como estaba muy ocupado, lo atendió uno de sus sirvientes, quien no le permitió pasar a conversar con su patrón.

Al enterarse de esto, Rav Yeshaiahu se entristeció mucho y dijo: "Quizás mi bendición se transformó en maldición". Prácticamente no se demoró ni un instante y partió hacia la casa de Reb Abraham para solucionar la situación.

Por intermedio de su Shamash, el Rav mandó a avisar a Reb Abraham que deseaba verlo. Rav Yeshaiahu fue recibido por su alumno con mucha calidez y honor. Al entrar al salón principal de la mansión con una profunda mirada advirtió la magnificencia que lo rodeaba, sin embargo al momento se entristeció mucho, pues en ocasiones anteriores al visitarlo siempre había encontrado su casa llena de necesitados y en cambio en esta oportunidad estaba totalmente vacía. De repente el Rav se encaminó hacia la ventana y mirando a la calle le preguntó a su alumno quien era la persona que pasaba con su hacha. Le contestó que era leñador y que iba al bosque a trabajar. Luego el Rav hizo lo propio con otros vecinos de su alumno y este le respondía visiblemente sorprendido. Acto seguido el Rav se apartó de la ventana y caminó por la habitación hasta que al final se situó frente a un espejo.

-Por favor, acércate, le dijo a Reb Abraham, mira por el espejo.

-¿A quién ves? prosiguió el Rav, a lo que su alumno le respondió: "lógicamente que a mi mismo", muy sorprendido por preguntas tan simples.

El Rav prosiguió inquiriendo de que material estaban hechos los dos objetos a través de los cuales le había hecho observar, a lo que respondió Rav Abraham -cada vez mas sorprendido y confundido- que ambos estaban hechos de vidrio. Por último el Rav añadió una pregunta más: -"¿Pues entonces por qué a través del vidrio de la ventana ves a las demás personas, en cambio por el espejo solo puedes ver tu propia imagen?" -El motivo está claro- contesto Reb Abraham- porque el vidrio de la ventana es transparente, sin nada entre medio, en cambio el vidrio del espejo tiene dentro una capa de plata, por eso pude ver mi propia imagen.

-Todo esto es muy lógico -dijo el Rav-, cuando el vidrio esta puro, sin plata de por medio, se puede apreciar a los demás, en cambio cuando el vidrio está impregnado de plata, solo se puede apreciar la imagen de uno mismo.

Lagrimas afloraron en los ojos de Reb Abraham, había comprendido las palabras de su maestro, y supo que en un tiempo se asemejaba a un vidrio traslucido, a través del cual se interesaba por sus semejantes, pero ahora, en cambio, se había convertido en una persona que solo se veía a si misma.

El arrepentimiento surgió de Reb Abraham, quien decidió que desde ese momento se dedicaría personalmente al cumplimiento del precepto de Hajnasat Orjim, y se ocuparía de cada necesitado como en los primeros tiempos. Al día siguiente organizó una fiesta, invitó a sus amigos y compañeros, y les contó lo que había sucedido.

Reb Abraham retiró del espejo parte de la plata que había en su interior para que quedara como recuerdo imperecedero, y a todo aquel que le preguntara por el motivo de su proceder, le contaría de que forma lo había ayudado el espejo para volver a la buena senda.

El Secreto de una Familia

¿Quién no ha escuchado hablar alguna vez de la ilustre familia Rothschild, célebre tanto por su inmensa fortuna como por sus buenas obras?

Su fundador fue Meyer-Anschel Rothschild, nacido en Frankfurt, hace más de doscientos años, pertenecía a una familia que se distinguía por su religiosidad. Su padre, Moisés Rothschild, que falleció un año después del Bar Mitzvá de Meyer-Anschel, quería que su hijo fuese Rabino. En lugar de ello, fue uno de los banqueros más famosos del mundo, lo que no le impidió seguir cumpliendo la Torá en la forma más estricta. ¿Cómo es que este joven huérfano, nacido en el ghetto de Frankfurt, reunió una fortuna tan extraordinaria? He aquí la historia, en la que fue protagonista principal Moisés Rothschild.

En la pequeña ciudad de Galitzia llamada Tchorkow, la comunidad judía eligió un día, como máximo dirigente espiritual, a un rabino conocido a la vez por su gran piedad y por su vasta erudición. Su nombre era Tzvi Hurwitz, pero cariñosamente lo llamaban Rab Herschele Tchorkower.

Considerado por todos como un Tzadik, numerosos habitantes venían a pedirle un consejo o una bendición. Estaba siempre dispuesto a ayudar al prójimo y especialmente a las viudas y necesitados, para los cuales realizaba colectas especiales. Como inspiraba una confianza total, todo aquél que deseaba efectuar una donación, no encontraba nada mejor que hacerla por medio del santo Rabino.

Es comprensible que una persona con tantas responsabilidades, necesitase un ayudante, este cargo lo tenía el joven Moisés Rothschild. El sueldo no era particularmente elevado, pero Moisés era feliz por poder estar cerca del Tzadik. Desempeñó sus tareas con gran entusiasmo y en poco tiempo ganó la confianza de todos y fue considerado como un miembro de la familia.

Pero llegó el tiempo en que Moisés deseó fundar su propio hogar. Se casó con una joven judía de Sniatyn y se estableció allí donde su suegro, y lo ayudó a instalar un pequeño negocio.

Un tiempo después, el día antes de Pésaj (Pascua hebrea), durante Bedikat Jametz (búsqueda de productos prohibidos en Pésaj), Rab Herchele Tchorkow descubrió que le habían robado una bolsa con quinientas gulden (moneda del lugar), del cajón de su escritorio. La suma era considerable y constituía el ahorro de personas no pudientes que, con gran esfuerzo habían logrado reunir algún dinero y se lo habían confiado al Rabino.

¿Qué podía hacer? La suma era demasiado grande para reembolsarla, pero su pena era aún mayor al pensar que alguien de su propia casa pudo realizar una acción tan reprensible. Además, había un detalle, lamentable por su precisión, que lo atormentaba: sólo una persona, además de él, conocía la existencia de la bolsa en el cajón del escritorio: era Moisés Rothschild. El Rabino había depositado en él toda su confianza y no hubiera soñado siquiera una acción tan baja de su parte. De todas maneras, era necesario rendirse ante la evidencia. ¿Era posible que Moisés, ante gastos tan urgentes para formar su nuevo hogar, hubiese tomado el dinero a título de préstamo? El muchacho era honesto; seguramente devolvería el dinero lo antes posible.

Después de llegar a este razonamiento, que era el único posible, el Rabino decidió no contar nada a nadie. No había que causar daño en la colectividad, y menos aún acusar a nadie de robo. Pensaba hablar con Moisés y aclarar el asunto con él sin que nadie se enterase. Por lo tanto, al tercer día de Pésaj, alquiló un coche y fue a Sniatyn para ver a su exayudante. Su partida no sorprendió a nadie en la colectividad. El Rabino acostumbraba realizar pequeños viajes. Pero quien se sorprendió fue Moisés, al verlo entrar de manera tan inesperada, en su modesto negocio.

Cuando ambos estuvieron solos, el Rabino con mucho cuidado, relató a Moisés el motivo de su visita. Le dijo cómo había descubierto la desaparición de la bolsa, asegurándole que ni paso por su mente la idea de robo.

¿Acaso Moisés, apremiado por la necesidad, había querido tomar prestado el dinero por cierto tiempo? Ciertamente, aún con esta intención, tal gesto era contrario a las leyes; pero suele suceder que el ser humano ceda a la tentación. De todos modos, si reparaba su falta, podía estar seguro de que D's lo perdonaría. El Rabino también estaba dispuesto a perdonarlo. Además Moisés podía contar con su entera discreción: nadie se enteraría jamás de lo sucedido. El Rabino concluyó diciendo que si esa suma le hubiese pertenecido, no habría tratado de recuperarla. Pero aquel dinero era propiedad de viudas, huérfanos y gente pobre, cuya vida misma, de él dependía.

A medida que el Rabino hablaba, Moisés empalidecía y su mirada se llenaba de inmensa tristeza. De pronto no pudo contener sus lágrimas: seguramente ya lo atormentaba el remordimiento. Al menos, el Rabino lo interpretaba así y esto acrecentó su estima por Moisés.

Este, no trató de negar nada; permaneció en silencio, sin defenderse. Instantes después abrió su caja, vaciando su contenido; lo contó y se lo entregó al Rabino sin una palabra. Luego le pidió que esperase un momento pues iría a ver con qué completar la suma.

Pasó un rato. Cuando Moisés regresó, la misma angustia alteraba sus rasgos. Le dijo al Rabino que, a pesar de sus esfuerzos, no llegó a reunir más que la mitad de la suma. Pero si el Rabino tendría paciencia, se comprometía a completar escrupulosamente la otra mitad, con pagos sucesivos.

El Rabino se sentía feliz del cariz que tomaban los sucesos. Siempre había pensado que Moisés era un muchacho bueno y honesto. Su actitud en la presente situación, lo confirmaba. Además ¡qué alivio saber que los pobres huérfanos y las viudas no sufrirán ningún perjuicio! Tenía la certeza que Moisés cumpliría la promesa.

En efecto, fiel a la palabra dada, sin que jamás hubiese que recordárselo, el joven envió regularmente a Rabí Herschele, pequeñas sumas de dinero hasta completar los quinientos gulden. Este último hallaba por fin, la paz que aquel grave accidente había turbado. En su mente, ese asunto sólo quedaría en el recuerdo; y si alguna vez pensaba en ello, sería sólo para admirar la dignidad y bondad con las cuales podía actuar un simple joven como Moisés, quien con tanta abnegación había reparado una falta cometida en un mal momento.

Cierto día en que Rabbí Herschele estaba profundamente sumido en el estudio, llegó a su casa un mensajero que venía de parte del Jefe de Policía de la ciudad. Este último, disculpándose por molestar al Rabino, le informó que desea verlo por un asunto urgente y que un coche lo esperaba en la puerta para conducirlo.

El Rabino no tenía la menor idea del motivo del llamado; se encomendó a D's, esperando que ningún peligro amenazara a la colectividad y se apresuró a acompañar al mensajero.

El jefe de policía lo recibió amistosamente y le preguntó si en el último tiempo, no le habían robado nada en su casa.

Rabbí Herschele le respondió que si refería a cierta suma que se la había desaparecido, en la actualidad ya la había recuperado. Ante estas palabras, el jefe de la Policía pareció muy sorprendido y le pidió que le contase lo sucedido.

-"Si Ud. me promete no emprender ninguna acción contra un inocente que, además, ya reparó su falta, le contaré todo", respondió Rabbí Herschele.

El jefe de la policía se lo prometió. El Rabino le dio los detalles que deseaba sin omitir uno solo.

-"¡Uds. los judíos, son verdaderamente extraordinarios! ¡Jamás en mi vida oí cosa semejante!", exclamó lleno de admiración el jefe de Policía.

Después de decir esto, abrió un cajón del escritorio, y sacando una bolsa, preguntó: "Sr. Rabino: ¿reconoce esto?".

Esta vez el sorprendido fue Rabbí Herschele. ¡Era su bolsa, la misma que había desaparecido en víspera de Pésaj!

El jefe de Policía se alegró del efecto causado. Esperó unos instantes. Luego llamó y cuando apareció un subordinado, le dijo: "¡Tráelos!". El policía regresó rápidamente con una mujer y un hombre con las manos esposadas.

-"¿Los conoce Ud.?", preguntó el jefe de Policía al Rabino. -"¡No!", respondió este último cada vez más intrigado. - "Absorbido por los libros, como Ud. está siempre, no se fijó en la cara de la doméstica que limpia su casa. Pero poco importa que la reconozca o no, pues ya confesó todo".

Y luego de ordenar que se llevaran a la pareja, el jefe de Policía relató al Rabino su historia, la verdadera. Días antes de Pésaj, la mucama había hecho una gran limpieza en la casa y encontró la bolsa que Rabbí Herschele guardaba en el cajón de su escritorio; la escondió y luego se la llevó a su casa en las afueras, donde vivía con su marido.

Ambos decidieron enterrar el botín en el granero, para que no despertara sospechas. Pero el marido, era un ebrio consuetudinario, y no pudo resistir la tentación de sacar algo para satisfacer su pasión. Así es que tomó una moneda y se fue a la hostería. Cuando el posadero le preguntó cómo había obtenido aquella moneda de plata, le contestó que la había encontrado. Pero al día siguiente volvió con otra moneda, y lo mismo hizo al día siguiente. Entonces el posadero empezó a sospechar y advirtió a la policía.

El hombre fue detenido y negó todo; pero algunos latigazos lo hicieron confesar. La bolsa fue encontrada casi intacta, ya que no faltaban más que las tres monedas gastadas en la hostería.

-"Es suya, llévesela", dijo el jefe de policía al Rabino. Este sonreía; su satisfacción era enorme. Sin embargo no dejaba de estar intrigado por la conducta de Moisés que no sólo no se había defendido al aparecer como sospechoso, sino que hasta había pagado, por un robo cometido por otro.

El Rabino se fue con el corazón desbordante de alegría y se apresuró a visitar a Moisés.

-Reb Moshé,- le dijo luego de haberlo saludado- espero que quieras perdonarme". "¿Por qué - le preguntó con los ojos llenos de lágrimas -No me dijiste que no habías tomado el dinero?"

Su colaborador le respondió que la posible desdicha de los pobres huérfanos unida a las angustia del Rabino, lo habían conmovido profundamente. Si hubiera dicho la verdad negando ser el autor del robo, el Rabino no hubiera aceptado su ayuda pues la hubiera considerado un sacrificio demasiado grande. En efecto lo fue, pues debió empeñar todo lo que poseía para poder reunir la suma que le entregó al Rabino el primer día; además debió economizar moneda sobre moneda para formar el resto. Pero aquel sacrificio era necesario, pues sabía que Rabbí Herschele no podría reunir aquella suma.

El Rab estrechó a Moisés en sus brazos y le dio su bendición, pidiendo a D's que le diese una gran fortuna para que siempre pudiese ayudar a los pobres necesitados.

-"Aquí está la suma que tan generosamente pagaste de tu bolsillo. Vuelve a Frankfurt donde tendrás mejor ocasión de hacer buenos negocios y cumplir buenas acciones. Que D's esté contigo, con tus hijos y con los hijos de tus hijos en todas las generaciones futuras".

La bendición de Rabbí Herschele Tchorcower no fue dada en vano. Moisés Rothschild fue un gran comerciante en Frankfurt, dedicándose también a operaciones de cambio muy ventajosas. Su hijo Meyer-Anschel Rothschild tuvo aún más éxito que él. Sus cinco hijos, que se establecieron, cada uno en otra capital de Europa, ayudaron a acrecentarla.

La fortuna creada por Moisés creció y se multiplicó de generación en generación. Un nieto de Moisés, el barón

Edmond de Rotschild, que encabezaba la casa Rotschild y vivía en Francia, se distinguió particularmente por su acción en favor de sus correligionarios, ayudándolos por todos los medios posibles, lo que le valió el apodo de "HaNadib HaYadú'a" (el Ilustre Benefactor). Su vida fue larga. Murió en París (en 1934) a los noventa años de edad.

Por el Rey de los Reyes

Hace muchos años, en una ciudad de Francia, peligraba la vida de un judío y eligieron a un representante para que se entrevistara con el Rey.

Al llegar al palacio le dijeron que esperara. Pasaba el tiempo y llegó la hora de hacer Tefilá Minjá. Entonces comenzó a rezar. Estaba orando cuando lo llamaron para presentarse ante el Rey. Pero el judío siguió su Tefilá como si nada hubiese ocurrido.

Al enterarse el Rey que el judío se negaba a entrevistarse con él, se enojó mucho y ordenó decirle que si no se presentaba de inmediato, el Rey no lo recibiría.

El mensajero llegó justo en el momento en que el judío terminaba su Tefilá y le dijo - "Conténtate si el rey escucha tu pedido".

Cuando entró al despacho del rey, el judío lo bendijo con respeto y le dijo con fervor: - "Majestad, tú eres en verdad el rey más fuerte sobre la tierra. Por eso vine a pedir tu ayuda y bondad en favor de mis hermanos en desgracia, los judíos. ¿Acaso no es el Rey de los Reyes, D's bendito sea nuestro Padre en el cielo, nuestro Rey? Él me retuvo para no llegar a ti cuando fui llamado, pues estaba en medio de mis oraciones.

El Rey de Francia respondió amigablemente: -Me gusta tu coraje. La sinceridad y la honradez son virtudes difíciles de encontrar hoy en los hombres. Sólo por eso mereces ser escuchado y que te sean concedidos todos tus pedidos.

Una Batalla Ganada

"¡Deberías avergonzarte! Un niño de nueve años diciendo mentiras. Sabes que no es verdad, ¿por qué lo dices?". Esta era una frase que Avigdor escuchaba a menudo, porque mentía con frecuencia.

Ahora bien. Avigdor no quería dañar a nadie cuando mentía. Sólo daba rienda suelta a su imaginación y antes de darse cuenta de lo que decía, le brotaba una exageración tonta o hasta una mentira, sin tener ningún motivo. Esto se había convertido en un mal hábito, que ya era parte de su personalidad, como su nariz o su boca; no puede uno desprenderse de una nariz fea si la tiene y Avigdor pensaba que no podía dejar de mentir aunque tratara, pero sus padres y sus maestros muchas veces lo retaban. "Recuerda Avi, que antes de hablar eres dueño de tus palabras, pero luego de haberlas dicho ellas se adueñan de ti. Así que antes de hablar, piensa".

Cuando comenzó el nuevo período de clases en el jéder, Avi llegó con una sarta de cuentos y aventuras que según él, le había ocurrido durante las vacaciones de verano; pero todo el mundo sabía que eran producto de su imaginación. Era el primer día de Elul y al comenzar el estudio, el maestro llamó la atención de los niños sobre la importancia y solemnidad de la época. Hizo notar que esos días, eran los más propicios para arrepentirse de los malos hábitos, aunque es posible hacerlo durante todo el año.

El maestro no sólo se dirigía a Avigdor, pero al igual que a los otros muchos de la clase, Avi pensó que se refería a él en particular. Sabía que no tenía que ir a buscar muy lejos, ni "cavar" muy hondo para desenterrar sus malos hábitos. Estos eran más que evidentes, pero lo enfrentaban descaradamente, lo desafiaban: Sabes que soy una cosa fea, pero aquí estoy y aquí me quedaré. ¿Qué crees que puedes hacer al respecto?

Pues bien, Avigdor decidió aceptar el desafío, no dejaría que lo tomaran por un tonto. ¡Basta! La batalla había comenzado.

"Ya se lo que haré -pensó-comenzaré anotando cada exageración o mentira que diga durante el día".

Avigdor mantuvo su palabra. Cuidadosamente tomó nota en su pequeño diario cada vez que su hábito se apoderaba de él. Al finalizar la semana revisó el diario, pero al pasar las páginas lo invadió una sensación de desaliento que lo hizo estremecer. Casi no había pasado un día sin que dijera al menos diez mentiras, alardeara cinco veces y se burlara en tres ocasiones de los demás; aunque sin duda esas cifras representaban ya una gran mejoría, todavía eran demasiado.

"Volveré a probar -resolvió Avigdor-, mi segunda línea de defensa será un silencio absoluto, si es necesario, por lo menos durante un día. Sí, el Shabbat próximo mantendré mi boca limpia todo el día".

Avigdor se vigiló durante todo el Shabbat. Sólo una vez se olvidó de sí mismo pero inmediatamente se corrigió: "Pero he exagerado. Perdóname", se sonrojó.

Era la primera vez que Avigdor se sonrojaba al decir una mentira e instintivamente sintió que era un buen signo. Sin embargo se sintió muy aliviado cuando terminó Shabbat. Había sido un gran esfuerzo y ahora podía descansar. Pero ni bien hubo decidido hacerlo, se encontró con una posición casi idéntica a la de antes; la semana siguiente estuvo casi tan llena de fracasos como la anterior. Pero no exactamente igual: Avigdor ponía más cuidado en lo que decía, y a menudo se ponía colorado, cuando no podía cumplir sus buenas intenciones.

Una vez encontrándose con sus amiguitos vio que ellos se intercambiaban ideas sobre cuántos capítulos de Tehilim habían recitado desde que empezó el nuevo año. Avigdor dijo: ¡Bah! Esto no es nada, yo voy en la mitad del libro por segunda vez. Los muchachos lo miraron con asombro y Avi se puso rojo. Se dio cuenta de no sólo estaba alardeando, sino que al mismo tiempo decía una mentira ridícula. ¡Qué rotundo fracaso!, pensó. Sin embargo no estaba listo todavía para rendirse.

Avigdor trató con ahínco de sobreponerse a su mal hábito, pero todavía no estaba seguro de sí mismo. Sabía que el "lado malo" dentro de él, le estaba tratando de hacer creer que ya había ganado la gran batalla para que disminuyera sus esfuerzos. Pues bien, esta vez estaba dispuesto a pelear hasta el fin, hasta que estuviera completamente seguro.

Por fin llegó Shabbat, Avigdor oró fervientemente, oró a D's para que perdonara todas sus faltas, pero más que nada su mal hábito de mentir, alardear y menospreciar a sus amigos.

Rezó durante toda la mañana, hasta que su padre lo llevó a casa a comer, pues no había tomado el desayuno.

Al volver por la tarde al Bet HaKneset (sinagoga) para Minjá, Avigdor se dio cuenta que tenía ganas de orar más que nunca.

Momentos antes de 'Arbit, la oración final del día, se anunció un pequeño receso, durante el cual la mayoría de las personas permanecieron en el Bet HaKneset. Avigdor prefirió salir para tomar un poco de aire. En el patio se encontró con un grupo de muchachos discutiendo acaloradamente, quiso evitarlo y volverse pero ellos lo notaron y le hicieron señas para que se acercara. Los encontró discutiendo sobre quién había ayunado más en el último Yom Kippur; algunos encogían sus estómagos para dar más fuerza a sus argumentos y decir que estaban más flacos que hace un mes, antes de ayunar.

Entonces todos se dirigieron a Avigdor. ¡Ah! Antes de Yom Kippur, nos dijiste que ayunarías todo el día. ¿Lo hiciste?

Avigdor se encontró entre la espada y la pared, sintió que la batalla se libraba de él en ese instante; si decía la verdad los muchachos se iban a reír de su palabrerío, si mentía, sabía que nunca ganaría la batalla.

Vamos, Avigdor, di la verdad. Lo urgieron los muchachos. Avigdor los miró fijo y les dijo: Muchachos, ayuné todo lo que pude; después de todo tengo solamente nueve años, lamento no haber cumplido mi deseo; de cualquier modo están perdiendo el tiempo discutiendo tonterías, mejor vayámonos al Bet HaKneset, Ma'arib está por empezar.

Avi esperaba que los muchachos se echaran a reír, pero no lo hicieron. Escucharon en su voz un dejo de sinceridad que impresionó a sus jóvenes corazones y sin decir nada siguieron à Avigdor.

Y mientras él recitaba las Berajot finales de la Tefilá, las lágrimas se deslizaban por su pequeña cara encendida, lágrimas de gratitud a D's por haberlo ayudado a ganar su batalla, a triunfar.

Un Juicio Caritativo
un cuento sobre tzedakah

La caridad es una mitzva noble mediante la cual los judíos se han sustentado unos a otros durante miles de años. Este acto de caridad puede acaso tener alguna connotación negativa? Si! Es por ello que existen muchas leyes que explican como debe darse caridad y como es erróneo (véase Yore De'a 249-251). El episodio siguiente nos enseña que uno debe usar su buen juicio para cumplir la mitzva de dar caridad.

D's dijo alabando a Abraham, "...ordenara a sus hijos que manden Mis caminos dando caridad con juicio" (Bereshit - Génesis- XVIII:19). Caridad y juicio deben muchas veces fusionarse y no ser conceptos individuales.

Esta historia aconteció en el siglo 18 en la época que el gran Rabí Yonatan Eysbeschuetz (conocido también como Rabí Yonatan Prager, c. 1690-1764, autor de Ya'arot Devash y Urim VeTumin) estaba recién casado. En sus días cuando un joven mostraba ser brillante en el estudio de la Torá se le solicitaba como jazan, incluso a temprana edad. Rabí Yonatan fue casado aun adolescente a una joven de familia muy acaudalada, cuyo padre dio a su yerno 3.000 gulden como regalo de bodas. Esto permitirá al joven seguir estudiando Tora sin problemas y así desarrollar su pleno potencial.

Los cristianos que vivían en su misma ciudad toleraban muy mal a los judíos y sus costumbres. Decidieron entonces construir una iglesia inmensa justo frente a la sinagoga para opacar y despreciar el lugar de adoración y estudio de los judíos. Estos estaban furiosos porque cada vez que salieran del shul se encontrarían frente a una iglesia. Pero como eran una minoría tanto en número como poder, tuvieron que resignarse. Es decir, todos menos Arrié Leb, el compañero de estudio de Rabí Yonatan, quien era un joven muy temperamental e impetuoso. Le hervía la sangre al ver la osadía de los eclesiásticos para construir una iglesia allí. Se ponía furioso al ver el ir y venir de sacerdotes y religiosas que miraban a los judíos con desdén. Prometió entonces vengarse un día del insulto.

Rabí Yonatan no lograba calmar a su amigo que estaba muy exaltado. No había caso de hacerle entender que cualquier intento de represalia podría poner en peligro a otros judíos. Aryeh Leb estaba inflexible.

Una vez terminada la construcción, la iglesia se inauguró con gran ceremonia y comenzaron los servicios religiosos. Muchos cristianos se mudaron a la vecindad para estar más cerca de la nueva iglesia y Aryeh Leb decidió que se había colmado su paciencia. Entonces, una noche entró a la iglesia y subió las escaleras de caracol que llevaban al campanario donde había una cruz inmensa. Con un martillo y un cincel la hizo añicos. Pero el ruido despertó al sacerdote residente quien subió rápidamente las escaleras para ver que sucedía. Otro se unió a el y cuando vieron a "un judío maldito" en su iglesia corrieron tras el para atraparlo. En su huida a ciegas por la iglesia para alejarse del escenario del crimen, Aryeh Leb se perdió en los pasillos apenas iluminados del lugar. Los sacerdotes lo alcanzaron y lo golpearon sin misericordia. Luego decidieron encerrarlo hasta la mañana siguiente donde decidirían que hacer con él.

A la mañana siguientes en un cónclave con otros sacerdotes fue decretado que Aryeh Leb seria quemado en la hoguera por haber profanado su iglesia. Rabí Yonatan se sorprendió al no ver llegar a su compañero a la mañana siguiente, pero no se preocupó mayormente. Sin embargo, al estar este también ausente al otro día, sus amigos comenzaron a inquietarse.

La segunda noche, en que Rabí Yonatan y algunos de sus amigos estaban estudiando en el shul, escucharon un golpe a la puerta. Era el sacerdote encargado de la seguridad de la iglesia del frente. Sabía que los judíos eran caritativos y había ideado un plan para obtener una gran cantidad de dinero.

Les planteó entonces que si aceptaban darle 3.000 gulden, Aryeh Leb sería liberado con la condición de que dejara la ciudad para siempre.

Era una suma inmensa para ellos, pero pidón shevuyim (liberación de un prisionero) es una gran mitzva. Rabí Yonatan y sus compañeros aceptaron el precio del sacerdote a renuencias. Este tenía todo preparado para escapar con el dinero después de liberar a Aryeh Leb . Fijaron una fecha y hora para el intercambio; la vida de un judío no tiene precio y valía la pena dar tres mil gulden por ella.

Esa tarde Yonatan se fue a casa donde se quedó largas horas reflexionando. Era muy poco probable que pudiesen juntar tanto dinero antes de que matasen a su amigo. El sacerdote podría cambiar de parecer si no pagaban el rescate a tiempo. Decidió entonces usar los 3.000 gulden que su suegro le había dado.

A la mañana siguiente fue a la iglesia donde se reunió con el sacerdote. "Tengo el dinero", le dijo Rabí Yonatan, "pero primero déjeme ver a Aryeh Leb".

"¿Cómo pudo obtener el dinero tan rápido?", preguntó el sacerdote exceptivo.

"Ese dinero es mío", respondió Rabí Yonatan. "Me lo dio mi suegro como regalo de bodas, pero me alegra poder salvar a mi amigo con él". El sacerdote no pudo evitar sentir admiración por la abnegación del joven erudito. Condujo a Aryeh Leb hasta una puerta trasera. Rabí Yonatan abrazó a su amigo y entregó el dinero al sacerdote. Luego le ordenó que dejara inmediatamente la ciudad.

Pero esa tarde uno de los hombres que llegó a la sinagoga se acerco a Rabí Yonatan y le dijo que entre todos habían logrado reunir una gran cantidad de dinero para el rescate de Aryeh Leb. Sin embargo Rabí Yonatan respondió que ya no lo necesitaba puesto que ya había pagado y Aryeh Leb se encontraba sano y salvo fuera de la ciudad. Trataron entonces de convencerlo de que se quedara al menos con parte del dinero pero este se negó. "Pero nosotros también quisiéramos tomar parte en la mitzva", alegaron todos.

"Guarden el dinero para alguna emergencia futura", contesto Rabí Yonatan y no aceptó ni un solo gulden de sus ahorros.

Temía que su esposa no comprendiera por que se había deshecho de tal fortuna y no se atrevió a decirle la verdad. Le dijo entonces que debía dejar la ciudad por algunos días. Sabía que a ella le sería muy difícil comprender como había podido sacrificar su futuro por el bien de un joven al cual se la había advertido reiteradamente que no actuara de esa forma. Durante su ausencia reflexionaría sobre el asunto para ver como explicárselo mejor.

En ese mismo momento los otros sacerdotes de la iglesia se dieron cuenta de que Aryeh Leb había desaparecido. Estaban furiosos e intentaron averiguar como se había escapado. Interrogaron entonces al sacerdote a cargo de la seguridad quien afirmó haber encontrado la celda abierta y vacía. Pero los demás no le creyeron porque no había dado aviso a tiempo y decidieron unánimemente sentenciarlo a muerte; sospechaban que había exigido un rescate en dinero y que lo había escondido y guardado para él solo.

El sacerdote escucho su conversación enterándose así que lo habían sentenciado a muerte. Debía escapar antes de que sus colegas lo ejecutaran. Junto rápidamente el dinero de Rabí Yonatan, joyas y dinero que había conseguido con el correr de los años y partió a casa de Rabí Yonatan. Allí le relató a su esposa como Rabí Yonatan le había entregado su propio dinero para salvar a su amigo y le dijo lo siguiente: "No tengo en quien confiar. Debo irme rápido. Aquí tienes mi dinero y joyas de oro y plata. Si vuelvo se que usted me los devolverá. Jamás vi a alguien tan integro como su esposo. Estoy seguro de que usted es igual. Si no vuelvo, todo será suyo".

Al finalizar el día se encontró el cuerpo del sacerdote en el rió bajo el puente de la ciudad.

Rabí Yonatan regreso a su hogar tres días después sin saber bien como lo recibiría su esposa. Pero a su gran sorpresa, ella estaba sonriente y le dio un saludo muy calido. "Que buen tzaddik eres. Ya conozco toda la historia. Me enorgullece que hayas deseado cumplir la gran mitzva de pidón shevuyim, con todo el sacrificio que significaba para ti! Sin embargo, mira que bueno Hashem ha sido contigo! Te devolvió todo tu dinero dejándonos además una inmensa fortuna".

Rabí Yonatan no podía creer lo que estaba escuchando. ¿Qué me estás diciendo? ¿Cómo sabes acerca de la mitzva? "Su esposa le contó entonces que el sacerdote había tenido que escapar para salvar su vida dejándoles los tres mil gulden y otras cosas con instrucciones precisas de guardárselas hasta que volviera. "Me dijo que si jamás volvía, todo sería nuestro.

Hoy supe que se había ahogado bajo el puente de la ciudad. Es todo tuyo ahora".

El rostro de Rabí Yonatan entristeció y se puso a llorar. Su esposa comprendió que no eran lágrimas de regocijo. "¿Por qué te sientes tan desdichado?", le preguntó ella, "si todo terminó tan bien? Aryeh Leb está a salvo, recuperamos nuestro dinero..." Rabí Yonatan estaba inconsolable. "D's ha rechazado mi mitzva en mi propia cara, sollozaba". "Por alguna razón no quiere que yo tenga mi recompensa en el mundo venidero, donde la gente virtuosa disfruta de su verdadera recompensa. (véase Avot II:21). Es por ello que me retribuyó ahora de esta manera.

Rabí Yonatan ayunó durante tres días. Luego imploró a D's que le revelara en un sueño por que no había aceptado su mitzva.

Y esa noche comprendió que había sucedido. No era valida porque no había querido compartir la mitzva de pidón shevuyim con los demás, guardándosela solo para sí. No debería haber rehusado el dinero de sus amigos.

Al "dar" su propio dinero Rabí Yonatan había "guardado" (tomado) toda la mitzva para él sin compartir con sus compañeros.

La Fuerza de un Tzaddik

Se dice que cuando Rab Moshe Feinstein (1895-1986), uno de nuestros *Guedole HaDor* (grandes eruditos de la Torá de una generación) estaba dando su último suspiro, dijo débilmente: "Ya no tengo fuerza...".

Además de su profundo conocimiento de la Tora, un Gadol HaDor lleva sobre si las aflicciones de su nación y siente los dolores y frustraciones de cada uno de sus miembros. Esa fuerza que nuestro bien amado Rab Moshe sentía que iba perdiendo no solo reflejaba su propia vitalidad sino también su habilidad para seguir llevando sobre si las aflicciones que su pueblo había acumulado.

El episodio siguiente y su clímax dramático nos muestran la magnitud del cuidado y preocupación que un Gadol HaDor siente por un individuo. El Gadol HaDor, el tzaddik sabe que es un vehículo hacia HaShem y que su interferencia puede evitar que caiga sobre nosotros un decreto celestial severo. Por ello, cuando alguien se acerca a un tzaddik a pedirle su bendición y este se la da, no equivale a una mera expresión externa de buenos deseos sino a una absorción interna del problema, aumentando así su inmensa carga espiritual.

Un estudiante a quien se había diagnosticado una enfermedad fatal pidió su bendición a su rabí, el famoso Jafetz Jayim (Rabbi Israel Meir HaKohen, 1838-1933), en Radin. Los médicos le habían advertido tanto a él como a su familia que no conocían cura alguna para su enfermedad y cada día que pasaba perdían mas la esperanza de una recuperación.

El Jafetz Jayim escucho al joven y le prometió aconsejarlo siempre que jamás revelara sus palabras. El estudiante aceptó inmediatamente. El Jafetz Jayim lo insto entonces a que fuera donde cierto talmid jajam que vivía en un pequeño pueblo. "Cuéntale tu problema y pídele su bendición. Te dará una braja y con la ayuda de D's te curarás". Y así lo hizo y se recuperó en un tiempo impresionantemente corto. Siguió estudiando en la yeshiva, luego se casó, se fue de Radin a otra ciudad, formó una familia y, siguiendo las instrucciones del Jafetz Jayim jamás contó lo sucedido.

Veinte años más tarde mucho después de sus días de yeshiva, se detectó a su cuñada una enfermedad misteriosa. Sin embargo, luego se dio cuenta que era el mismo mal que había sufrido en su juventud, pero guardó silencio. Desafortunadamente su esposa recordaba que él le había mencionado una vez que había sufrido una enfermedad extraña años atrás. Cada vez que ella se refería al tema él lo evadía y se negaba a hablar de ello. Mientras más rehuía, más insistía ella para poder salvar a su hermana.

Pero pronto ambas le imploraron que revelara que había sucedido y como se había curado. Aunque no cesaba de decirles que había jurado guardar el secreto, su insistencia se hacía cada vez más difícil de resistir.

Finalmente cedió pensando que después de tantos años ya había cumplido quizás con la advertencia del Jafetz Jayim.

Contó entonces a su esposa todos los acontecimientos. Le reveló como se había presentado ante el Jafetz Jayim y el consejó del tzaddik quien lo había enviado donde un cierto talmid jajam en un pequeño pueblo lejos de Radin. Su esposa y cuñada recobraron la esperanza. Esto tal vez significaría su salvación.

Al poco tiempo el hombre comenzó a sentirse enfermo. Se sintió aterrado porque veía que se estaban cumpliendo sus peores temores. Dijo entonces a su esposa que debía viajar a ver al Jafetz Jayim de inmediato.

Hizo el largo viaje de vuelta a Radin y se dirigió directamente donde el Jafetz Jayim, quien ya estaba viejo y frágil de salud. El Jafetz Jayim recordó su antiguo encuentro y escuchó pausadamente el relato. Luego le hablo suavemente: "Quisiera poder ayudarte, ¿pero qué puedo hacer? Cuando tuviste esta enfermedad por primera vez yo era joven y ayuné cuarenta días por tu salud para que curaras. Hoy estoy demasiado viejo y ya no soy capaz de ayunar así...".

Lo mas increíble de esta historia no es solo que el Jafetz Jayim haya ayunado 40 días para salvar a uno de sus discípulos, sino que haya enviado al bajur (joven) a pedir su bendición a un talmid jajam de otra ciudad para que cuando el muchacho se curara, el merito no recayera sobre él.

Las Tres Carcajadas

Una noche de Shabbat, el Baal Shem Tov estaba más serio que de costumbre. Su rostro denotaba preocupación. Sus Jasidim que lo acompañaban, estaban pendientes de la situación. De pronto la cara del Tzadik se iluminó y una alegre carcajada brotó cristalina de su garganta. Tiempo después el Baal Shem Tov lanzó una nueva carcajada y algo más tarde, rió por tercera vez en la noche.

Los jasidim se alegraron con él, aunque desconocían la causa y no se animaron a preguntarle. Pero al finalizar el Shabbat, el anciano Rabí Zeev en nombre de todos los jasidim, inquirió respetuosamente al santo Rabí sobre aquello que había sucedido la noche anterior. Por toda respuesta, el Baal Shem Tov les dijo que se preparasen para un viaje.

Partieron y el carruaje los llevó a una lejana aldea. Una vez allí, se dirigieron a la sinagoga. La noticia de la llegada del Tzadik se difundió rápidamente y casi todo el pueblo concurrió al lugar; pero el Baal Shem Tov dijo que a quien quería ver era a Shabetay, el anciano encuadernador. Cuando éste llegó, El Baal Shem Tov ordenó que fuera imprescindible también la presencia de la esposa de Shabetay, quien no tardó en concurrir.

Entonces el Tzadik se dirigió al encuadernador, ordenándole:-Ahora relatarás lo que hiciste la noche del Shabbat. Pero dime la verdad, no temas, no te avergüences ante mí.

-Mi maestro- contestó Shabetay -no esconderé nada y, si en algo he pecado, estoy dispuesto a recibir el castigo correspondiente. Soy un artesano y vivo de mi trabajo. Antes, acostumbraba que cada jueves mi mujer se dirigiera al mercado a comprar lo necesario para Shabbat: harina, carne, pescado y velas. Los viernes, cuando el reloj anunciaba las diez de la mañana, abandonaba mi trabajo y comenzaba a prepararme para Shabbat. Me lavaba, me cambiaba de ropa, me encaminaba al Bet Hakneset y me quedaba en él hasta después de la Tefilá. Pero ahora envejecí y ya no tengo fuerzas; con gran sufrimiento apenas encuentro mi sustento. A veces no alcanzo a preparar el jueves lo necesario para el sábado, como en mis buenos tiempos. Pero de todos modos no abandono la costumbre de suspender mi trabajo a las diez para ir al Bet Hakneset y quedarme allí hasta la noche. Pero sucedió que ayer viernes, eran ya las diez y no tenía ni una moneda para comprar lo necesario para el Shabbat.

Nunca en mi vida necesité del prójimo y ahora al encontrarme en la pobreza tampoco querría recurrir a nadie. Decidí que sería mejor para mi alma, pasar del Shabbat sin comer que recurrir a la limosna. Pero temí que mi esposa, al no tener velas encendidas, pidiese a una vecina algo prestado. Por lo cual me anticipé y le rogué que no recibiese ayuda de nadie. Ella aceptó. Antes de dirigirme al Bet Hakneset le dije: -Hoy volveré más tarde pues si abandono la sinagoga junto con las demás personas, verán que en mi casa no hay luces, me preguntarán la causa y yo no sabré qué responderles.

Cuando salí, ella quedó sola; comenzó a barrer la casa y a limpiar. Como sólo había madera para hacer fuego y no tenía que cocinar, pronto quedó libre; para distraerse abrió un viejo baúl donde había toda clase de objetos de nuestra juventud y comenzó a limpiarlos y ordenarlos. Y mientras lo hacía encontró un saco que creíamos perdido hace tiempo; este saco tenía botones de oro y plata que habíamos comprado en tiempos de abundancia. Mi es posa los vendió y compró comida y velas para Shabbat y aún le sobró algo de dinero ‘para la semana siguiente. Pero yo ignoraba todo esto.

Ya por la noche, cuando los Iehudim volvían a sus casa salí del Bet Hakneset caminando despacio hacia la mía; desde lejos vi las velas encendidas. Pero no tuve ninguna satisfacción al verlas pues pensé: "Seguramente mi esposa recibió lo que le dieron buenas personas". Entré a casa y sobre la mesa vi preparados dos panes sabáticos, vino para Kiddush y pescado. Retuve mi enojo pues no quise profanar el descanso del Shabbat. Me contuve y bendije el vino, comí el pescado y luego le dije a mi esposa: -Creo que tu corazón no es lo suficientemente fuerte para soportar los malos momentos. Ella no me dejó terminar y me dijo con voz suave: -¿Recuerdas el saco con botones de oro que se nos perdió hace tiempo? Hoy cuando abrí el viejo baúl lo encontré, vendí los botones y con ese dinero preparé lo que ves para Shabbat.

Cuando escuché lo que mi esposa me contó, de mis ojos descendieron lágrimas de alegría, mi alma se llenó de gracias a D's por no interrumpir mis acostumbrados sábados. Levanté mis ojos y vi el rostro resplandeciente de mi esposa, no pudimos contener nuestra alegría y bailamos alrededor de la mesa, cosa que volvimos a repetir después del postre. Eran bailes de alegría que partían del más hondo agradecimiento a D's. Luego del Bircat Hamazón, bailamos por tercera vez con una felicidad sin límites, porque el Todopoderoso nos concedió sus bendiciones para el Shabbat y no necesitamos recurrir a nadie. Ahora bien, si el Baal Shem Tov considera que con nuestra alegría y nuestros bailes hemos profanado la santidad del sábado, estoy dispuesto a cumplir con el castigo correspondiente.

Shabetay finalizó su relato y el Santo Rabí tomó la palabra: -Cuando los ancianos bailaron, también los ángeles en el cielo se regocijaron con ellos y salieron a bailar. Y yo, al ver todo esto, me alegré con ellos tantas veces como las que Shabetay bailó con su esposa.

9780980070729